本书系国家社会科学基金一般项目"生态公共产品政府提供机制优化研究"(编号:16BKS056)的最终成果

并为山东省高等学校优秀青年创新团队"生态优先视角下山东特色乡村振兴路径、模式及政策协同创新研究"(编号:2019RWG020)提供了重要研究基础

Study on Optimization of
Government Provision Mechanism
for Ecological Public Goods

生态公共产品政府提供机制优化研究

蔺雪春 著

中国社会科学出版社

图书在版编目（CIP）数据

生态公共产品政府提供机制优化研究 / 蔺雪春著. —北京：中国社会科学出版社，2022.12
ISBN 978-7-5227-1231-4

Ⅰ.①生… Ⅱ.①蔺… Ⅲ.①公共物品—供给制—研究—中国 Ⅳ.①F20

中国国家版本馆CIP数据核字（2023）第022349号

出 版 人	赵剑英
责任编辑	许　琳
责任校对	李　硕
责任印制	郝美娜

出　　版	中国社会科学出版社
社　　址	北京鼓楼西大街甲158号
邮　　编	100720
网　　址	http://www.csspw.cn
发 行 部	010-84083685
门 市 部	010-84029450
经　　销	新华书店及其他书店
印刷装订	北京市十月印刷有限公司
版　　次	2022年12月第1版
印　　次	2022年12月第1次印刷
开　　本	710×1000　1/16
印　　张	13.75
插　　页	2
字　　数	238千字
定　　价	88.00元

凡购买中国社会科学出版社图书，如有质量问题请与本社营销中心联系调换
电话：010-84083683
版权所有　侵权必究

前　言

提供量足质优的生态公共产品,是深化生态文明体制机制改革的重要立足点。能否以及如何站在马克思主义立场上,优化生态公共产品政府提供机制、推进落实生态文明改革,是当下我国学者关注的重要理论和现实问题。这不仅是以公有制为基础,强调公共性、集体特质的社会主义理论研究题中之义,更是社会主义实践方案替代性解决资本主义生产方式内在矛盾,解决环境危机所示人与自然异化问题的一个重要探索。

中国式生态公共产品提供机制,必须依据中国实际情况、重大需求和现代化进程构建完善,实现内生性演化。当前生态公共产品需求呈现社会化、货币化、商品化、精致化、全球化特点,并溢出到经济社会政治层面。我国生态公共产品供需问题,宏观表现是政府提供单一性和社会需求多样性、政府提供固定性与社会需求变动性的矛盾;具体表现是供需结构性错位、供给外部性增加、生态消费力不彰等问题。总概括是供需脱节。

分析生态公共产品问题,马克思主义不能缺场。系统构建马克思主义视角的生态公共产品观,重点是从作为人与自然之间物质变换的生产端,从公共产品代表的社会关系、社会性质、社会尺度等维度出发,树立生态公共产品的马克思主义立场、观点和方法。由此,可以说是摆脱公共产品理论与环境治理问题研究"西方中心论"的一种尝试。

生态公共产品的马克思主义立场主要是:人对自然关系的本性是唯物的,这种唯物性是人与自然观念联系和现实联系的整体的、全面的唯物性。人对自然关系的唯物性,只有通过人与自然之间的物质变换,才作为外在的必然性现实地表现出来,成为实际的东西。对人与自然之间这种物质变换的不了解、不确定所产生的实际狭隘性、神秘性甚至宗教式的反映，只有当这种物质变换过程也即社会生活的物质生产过程、劳动过程的形态，在人们面前表现为人与人之间和人与自然之间极明白而合理的关系的时候，作为自由联合的人的产物处于人的有意识、有计划的控制之下的时候，它才会把自己神秘的纱幕揭掉。但发展过程首先需要被设定为并且被意识到是这一过程的前提，需要使生产力的充分发展成为生产条件，需要有一定的社会物质基础或一系列物质生存条件。生产力就是物质变换力，生产就是人借社会形式对自然的占有和物质变换，人就是在以社会形式占有自然中形成一定的、必然的、不以他们意志为转移的人与自然关系，即与他们对自然的物质变换力的一定发展阶段相适应的人与自然关系。这种最基本的物质变换力、基础生产力发展到一定阶段，便同它一直在其中运动的人与自然关系或财产关系（或可作为人与自然关系的一种社会用语）发生矛盾，这些关系便由物质变换力或生产力的发展形式变成桎梏，那时人与自然关系进而社会形式、社会关系发生革命性调整的时代就到来了。所以，一切社会变迁和人与自然关系变革的终极原因，不应当到人们的头脑中，也不应到人们对永恒的真理和正义的日益增进的认识中去寻找，而应当到生产方式和交换方式即人与自然之间物质变换方式的变更中去寻找；不应当到有关时代的哲学中去寻找，而应当到有关时代的经济生产的物质变换中去寻找。对现存社会关系、人与自然关系的不合理性和不公平、不友好，对理性化为无稽、幸福变成苦痛的日益觉醒的认识，只是一种征兆，表示在人对自然的占有和物质变换方法中已不知不觉地发生了变化，适合于早先的经济条件或物质变换的人与自然关系安排已经不再同这些变化相适应。同时这还说明，用来消除已经发现的弊病的手段，也必然以或多或少发展了的形式存在于已经发生变化的人与自然关系本身中。这些手段不应当从头脑中发明出来，而应当通过头脑从经济生产的物质变换事实中发现出来。在人与自然的物质变换中，良好生态环境的生产与交换，是一切社会制度的基础。基于生态生活在内的物质生活的生产方式制约着整个社会生活、政治生活和精神生活的过程。由此，生态公共产品即破除人与自然物质变换裂缝、恢复有机性一体性的重要范畴。

主要观点是:生态环境作为社会公共产品是第一经济条件、第一生产条件,生态公共产品的生产能力和生产关系在整个社会生产方式中应当具有优先性。生态公共产品功能具有多样性和多层性,生态公共产品提供机制是一个囊括需求与供给、生产与消费、成本与价格、资本与利润、产权管理与科学技术等众多要素的系统体系。应当坚持马克思总体生产观,生产交换分配消费统一观,人与自然和谐消费观,按照分类分层分工、能够弹性调控、符合共同使用、保障贫弱权益、共治共享公平的基本思路,构建一种分类分层、联合生产、权责明确、有机转换、善用市场、普惠民生的生态公共产品政府提供机制。

方法上要注意科学性和适应性。立足中国现实历史境域历史资源,高度重视马克思主义对生态公共产品问题的指导启发作用,实现传统智慧与现实问题结合、抽象理论与具体实践结合、自我价值标准与技术手段创新结合、当下重点与全局长远结合。政府作为生态公共产品提供的整体组织者、安排者,要坚守的主要原则是坚持资本发展的生态化社会化,促进环境增殖;坚持生态建设的产业化市场化,促进环境经营;坚持生态服务管理的一体化信息化,促进生态智慧;坚持环境面前人人平等,促进环境正义;坚持提升工农角色,促进绿富同兴;坚持造福平民百姓,促进生态民生。重点环节是做好生态公共产品供需协同管理和标准化管理,促进总体生产过程的公共态、共有态、市场态平衡转换。重要手段是加强平台、联合体与权能责任机制建设。政策创新谋求雇佣劳动向自由联合劳动转变,生产资本、商业资本、金融资本向自然资本转变,经济社会权益向现代生态公民权转变。财政、事权等配套条件,可以考虑设立专门自然资本基金或政策性绿色发展银行;加快形成充分与经济融合的生态文明政策操作标准,普遍重量级的生态文明政绩考核模式;考虑环境部门与发展改革部门某种联合运行方式的可能性,环保事务双重领导甚至进一步垂直管理方式的可能性。提升环境政策落实与融合发展能力,实现环境政策"管企业"向"管资本"转变。综上,期望为充实生态文明研究、推进生态文明政策制度改革提供参考借鉴。

需要特别说明和感谢的是,本书是作者承担的国家社科基金项目"生态公共产品政府提供机制优化研究"(16BKS056)的成果,同时又为山东省高等学校优秀青年创新团队"生态优先视角下山东特色乡村振兴路径、模式及政策协同创新研究"(2019RWG020)提供了基础借鉴。在此感谢项目基金资助,感谢学界前辈、专家老师和各位同仁提供宝贵意见,感谢中国社会科学出版社提供出版便利。由于个人能力水平有限,缺误在所难免,尚祈广大专家学者和读者不吝指导。

作者

2022年3月醉雨雪斋

目　　录

导言　优化生态公共产品政府提供机制何以重要或紧迫 …………（1）

上篇　历史与现实
　　——我国生态公共产品提供面临什么样的矛盾

第一章　生态公共产品提供的历史分析 ……………………（17）
　　第一节　文本分析：生态公共产品的认知变迁 ………（17）
　　第二节　进程分析：生态公共产品的政策变迁 ………（37）
　　第三节　事件分析：生态公共产品的情境变迁 ………（52）
　　第四节　历史反思：生态公共产品的矛盾变化 ………（57）

第二章　生态公共产品需求的现实判断 ……………………（62）
　　第一节　生态公共产品的需求结构 ……………………（62）
　　第二节　生态公共产品的需求特点 ……………………（67）
　　第三节　生态公共产品需求的形成规律和发展态势 …（69）
　　第四节　我们需要什么样的生态文明改革创新 ………（75）

中篇　理论与实践
　　——怎样才算是好的生态公共产品政府提供机制

第三章　理解生态公共产品的各种理论模型 ………………（81）
　　第一节　公共产品理论 …………………………………（82）

第二节　产权理论 …………………………………………… (83)
　　第三节　公共池塘资源自主治理 …………………………… (86)
　　第四节　既有理论模型反映的关键问题 …………………… (88)
　　第五节　西方中心论的意义与缺陷 ………………………… (89)

第四章　生态公共产品的马克思主义分析 ……………………… (94)
　　第一节　马克思主义分析生态公共产品问题的可能性 …… (95)
　　第二节　马克思公共产品思想的内在规定性 ……………… (99)
　　第三节　生态公共产品的马克思主义立场 ………………… (104)
　　第四节　生态公共产品的马克思主义观点 ………………… (108)
　　第五节　生态公共产品的马克思主义方法 ………………… (112)

第五章　生态公共产品的实际影响因素 ………………………… (115)
　　第一节　公平普惠的价值诉求与生态能力 ………………… (116)
　　第二节　有机融合的生产要素安排 ………………………… (120)
　　第三节　经济社会环境多赢的市场要素安排 ……………… (125)
　　第四节　合理稳定的政府激励与监管 ……………………… (128)

下篇　对策与保障
——如何优化我国生态公共产品政府提供机制

第六章　优化生态公共产品政府提供机制 ……………………… (139)
　　第一节　针对的供求矛盾问题 ……………………………… (139)
　　第二节　坚持的原则导向 …………………………………… (144)
　　第三节　完善需求管理 ……………………………………… (150)
　　第四节　优化供给管理 ……………………………………… (153)
　　第五节　优化资源配置和协同供求关系 …………………… (157)

第七章　配套政策措施研究 ……………………………………… (163)
　　第一节　政策创新突破口 …………………………………… (163)

第二节　政策创新的财政调整可能性 …………………………（168）
　第三节　政策创新的事权调整可能性 …………………………（180）

结论　植根生态公共产品建设社会主义生态文明 ………………（191）
　第一节　提供量足质优生态公共产品是社会主义应有之义 …（191）
　第二节　系统构建马克思主义视角的生态公共产品观 ………（193）
　第三节　走向植根生态公共产品的社会主义
　　　　　生态文明新时代 ……………………………………………（199）

主要参考文献 ………………………………………………………（202）

导言　优化生态公共产品政府提供机制何以重要或紧迫

习近平总书记视察海南时提出："良好生态环境是最公平的公共产品，是最普惠的民生福祉。"① 那么，从学术角度讲，能否更好地站在马克思主义立场上研究生态公共产品问题，把政府有效提供公共产品作为推动生态文明体制机制改革的重要线索，解决好人民生态需求呢？具体和深入来说，基于马克思主义理论方法分析、探索优化生态公共产品政府提供机制何以重要或紧迫？我国生态公共产品提供究竟面临什么样的矛盾？怎样才算是一个好的生态公共产品政府提供机制？应当如何优化我国生态公共产品政府提供机制？这是值得生态文明研究者思考的新问题，也是推动习近平生态文明思想研究，推动生态文明战略落地和满足人民群众生态期盼的重大现实性难点问题。本书导言和上中下三篇将重点围绕这些问题依次探讨解答，最后给出结论。

恩格斯指出："一切社会变迁和政治变革的终极原因，不应当到人们的头脑中，到人们对永恒的真理和正义的日益增进的认识中去寻找，而应当到生产方式和交换方式的变更中去寻找；不应当到有关时代的哲学中去寻找，而应当到有关时代的经济中去寻找。"② 研究被

---

① 《习近平在海南考察：加快国际旅游岛建设 谱写美丽中国海南篇》，《人民日报》2013年4月11日第1版。

② 《马克思恩格斯文集》第3卷，人民出版社2009年版，第547页。

假定为社会变迁和政治变革一部分的生态公共产品政府提供机制问题，首先可以考虑基于这样的思路展开，而且，在获得进一步的分析和说明以前，并不应急于对生态公共产品范畴及其相应提供机制下一个所谓准确定义。相反，"定义是分析的结果，不是分析的出发点。研究问题应该从历史的分析开始"①。而且还应当时刻把握住两点，"人们的意识，随着人们的生活条件、人们的社会关系、人们的社会存在的改变而改变"②，"随着历史过程中每个特殊阶段的具体的经济和政治情况而有所改变"③。研究范畴的主体也是既定的，我们这里所研究的主体是在资本主义全球化竞争的不断干扰甚至压制中进行工业化、现代化建设，谋求民族复兴和人民幸福，仍然处于社会主义初级阶段的中国特色社会主义，有关既定范畴在"表现这个一定社会即这个主体的存在形式、存在规定、常常只是个别的侧面"④。这无非是说，研究生态公共产品问题，无论从长远或即期来看，从一国或世界格局来看，都要站在现实历史的基础上，而且要站在绝对不能排除人对自然界关系的现实历史基础上，站在一定社会主体在这里是进行社会主义工业化和现代化建设，但同样面临和需要克服重大生态环境问题的中国具体国情社情的基础上。优化生态公共产品政府提供机制，正是来自这样一种现实和具体历史进程的驱动。

一　生产方式交换形式深度变更的要求

生产方式一般指劳动生产过程的技术条件和社会条件，但它无疑也包含或须臾难以摆脱自然条件。迄今为止的一切生产方式，都建立在人与自然要素结合的基础上，因此广义上说是对包括人力在内的自然力量的运用。但有所不同的是，要素结合的比例与运动的社会形态，由此形成资源密集型、劳动密集型、资本密集型或技术密集型的

---

① 《毛泽东文集》第8卷，人民出版社1999年版，第139页。
② 《马克思恩格斯文集》第2卷，人民出版社2009年版，第50—51页。
③ 《列宁专题文集·论马克思主义》，人民出版社2009年版，第167页。
④ 《马克思恩格斯文集》第8卷，人民出版社2009年版，第30页。

具体生产方式，形成不同所有制条件下人类历史从低级到高级的生产方式差别。

我们已经知道，现代工业生产以前的各种生产方式，尽管与现代大工业生产的快速发展相比较为保守甚或缓慢疏浅，但它们由于劳动生产力处于较低发展阶段和与此相应、人们"彼此之间以及他们同自然之间的关系"所具有的实际"狭隘性"①，主要以土地为载体的自然要素远没有呈现出今天这个时代所能明显感知到的资源环境瓶颈效应。甚至可以说，自然要素的剩余还为应对"意外的灾祸提供了某种回旋余地"②。

我们更能清楚地看到，与以往的生产方式相比"现代工业的技术基础是革命的"，"现代工业从来不把某一生产过程的现存形式看成和当做最后的形式"③。整个世界范围内的生产方式以及随之而来的交换形式都在发生深度变更、快速变化。从机器大生产到智能生产，围绕人工智能的工业升级竞争，以及"互联网+""大数据+"和高速交通等互联互通条件激发的市场活力、社会交往以及愈益紧密的生产网络和交换网络，工业化发展带来的城市乡村交互关系和各自之间出现的新变化，正在深刻改变世界。但颇值得玩味的是，生产方式和交换形式的深度变更，并没有取消它对人与自然两大生产要素的实际需求，新技术或更多资本的投入，恰恰是建立在对劳动、对自然资源，更进一步说对自然力、对人与自然之间物质交换变换能力更高、更新要求基础上的。当前，不同国家在不同时期反复呈现的，无论是对人口、土地、资源能源还是对新科技以及生态环境保护的担忧，都能在一定程度上为之注脚。而实现或满足这种自然力或人与自然物质交换变换能力更高更新需求的主要方式，不单纯是自然范畴，更是现实社会一代一代为之努力的历史产物。

---

① 《马克思恩格斯文集》第5卷，人民出版社2009年版，第97页。
② 《马克思恩格斯文集》第9卷，人民出版社2009年版，第562页。
③ 《马克思恩格斯文集》第5卷，人民出版社2009年版，第560页。

总体的产业发展史表明，一种高级生产方式和交换形式的形成、维持与作用，本身意味着并取决于它能否和如何在更高水平上加深对生态系统或自然多样性的认识、需求与应用，维护和改善生产者与自然之间的物质变换循环。首先，这种多样性是社会分工、交换和产业资本赖以生成、演化的基础，不仅是"自然的差别"在"共同体互相接触时引起了产品的互相交换"，①不仅是"它的差异性和它的自然产品的多样性，形成社会分工的自然基础，并且通过人所处的自然环境的变化，促使他们自己的需要、能力、劳动资料和劳动方式趋于多样化"②。而且是"社会地控制自然力，从而节约地利用自然力，用人力兴建大规模的工程占有或驯服自然力，——这种必要性在产业史上起着最有决定性的作用"③。其次，这种更良好生态或多样性是对作为自然力形式发挥作用的劳动力或劳动生产者提高自身再生产水平，适应生产方式从低级向高级发展进程的一种无法脱离的必要保障。劳动者的精力和健康条件，不仅作为自然需要"由于一个国家的气候和其他自然特点"而不同，④而且作为"第一生活需要的数量和满足这些需要的方式，在很大程度上取决于社会的文明状况，也就是说，它们本身就是历史的产物"⑤，从而现代的"劳动力的价值规定包含着一个历史的和道德的要素"⑥。更值得注意的一点是，在生产方式发展演化中，占据主导地位的资本主义生产方式"使它汇集在各大中心的城市人口越来越占优势，这样一来，它一方面聚集着社会的历史动力，另一方面又破坏着人和土地之间的物质变换"⑦。因此又不断造成社会生产方式最深刻的内在矛盾。

过去的产业史或文明史绝不仅仅意味着过去，它还是说明未来人

---

① 《马克思恩格斯文集》第5卷，人民出版社2009年版，第407页。
② 《马克思恩格斯文集》第5卷，人民出版社2009年版，第587页。
③ 《马克思恩格斯文集》第5卷，人民出版社2009年版，第587—588页。
④ 《马克思恩格斯文集》第5卷，人民出版社2009年版，第199页。
⑤ 《马克思恩格斯全集》第47卷，人民出版社1979年版，第43页。
⑥ 《马克思恩格斯文集》第5卷，人民出版社2009年版，第199页。
⑦ 《马克思恩格斯文集》第5卷，人民出版社2009年版，第579页。

类社会生产方式与其自然基础关系的总体公式。所谓生态公共产品的提供，无疑是这种产业史或文明发展史的必要部分。从进步意义上说，它指向对未来生产方式所需人和自然要素的持续积累、人与自然物质交换变换能力的提高改善。从底线意义上说，它指向对既有生产方式已经消耗的人和自然要素的不断补偿、避免人与自然之间物质变换联系的断裂。①

中国作为当今世界产业史或文明发展史中的一个典型，自实施改革开放以来已经高度融入全球生产体系和世界市场贸易变革机制之中，既直接受现代世界工业文明历史潮流的巨大影响又逐步以自身模式影响这一历史潮流。因此，无论对其自身大量存在的传统产业生产方式及其转型而言，还是成为当今世界新生产方式的主要变革力量、推动力量而言，能否和如何通过高水平的生态公共产品体系建设，保育更高质量的人和自然要素条件，维护生产来源，改善人与自然之间的物质变换能力以保护发展的持久基础，都是至关重要的。总之，人类社会生产方式交换形式的不断进步，依赖于更高水平的生态系统条件，提供生态公共产品之所谓"生态性"意涵或探讨的重要性、紧迫性，或由此言之。

二 社会与自然关系调适平衡的要求

人是以社会形式同自然界发生关系的。马克思在《政治经济学批判导言》中指出："一切生产都是个人在一定社会形式中并借这种社会形式而进行的对自然的占有。"② 但有成熟的占有，也有不成熟的占有；有野蛮的占有，也有文明的占有。关键不在于占有本身，而在于占有的社会形式。不同形式的占有，从整个历史角度更准确地说是占用自然，将导致极不相同的社会与自然关系结果。由此可以说，社会与自然关系的紧张与否，及其呈现为与以往相比更大冲突和危机结

---

① 参见《马克思恩格斯文集》第7卷，人民出版社2009年版，第918—919页。
② 《马克思恩格斯文集》第8卷，人民出版社2009年版，第11页。

果的可能性,也是衡量相对意义上占有自然而宏观意义上仍旧属于自然的社会形式内在问题究竟如何的重要标志,并决定社会与自然关系何以调整、从何处调整的重要线索。

工业社会以前的社会形式,尽管生产力远不如工业社会发达,但只要考虑如何从事生产,只要能够有计划地"通过他所作出的改变来使自然界为自己的目的服务,来支配自然界",就能不同程度"在地球上打下自己的意志的印记"[①],自然界就日益为新的社会一代所改变而变成历史的自然。如此不断重复和积累的历史实际上已经说明,社会与自然关系得以调整的重要线索,目标虽然指向自然,但它极为重要的一个切入点却是人类的社会形式或社会关系本身。只不过这种调整的紧迫性在过去缺乏普遍的世界联系的生产方式和社会交往形式下难以大规模凸显。

进入工业时代以后,以追求最直接的资本利润作为生产的主导推动因素,第一次使自然科学直接服务于大生产过程和作为致富手段,在科学的帮助下自然因素在一定程度上被并入资本范畴,使它具有比以往社会更强烈更强大的占有自然、开发自然、支配自然的欲望与力量。自然物不管在形式还是实质上,被大量用作并隶属于货币资本谋取直接利润的需要,而大量直接面对自然物的生产者由于受资本干涉和失去对自然物的正常占用权,无法像以往时代那样或多或少继续对土地等自然物的眷顾之情。生产的社会化与资本的私人占有之间的矛盾对社会与自然关系造成的冲击,或者说资本占有自然、开发自然、支配自然的欲望和力量所导致的,犹如经典力学原理所证明的更大反作用力,也在资本推动形成的世界市场和普遍社会联系的放大器下被集中性、大规模和大范围凸显出来。因此"我们不要过分陶醉于我们人类对自然界的胜利。对于每一次这样的胜利,自然界都对我们进行报复。每一次胜利,起初确实取得了我们预期的结果,但是往后和再

---

① 《马克思恩格斯文集》第9卷,人民出版社2009年版,第559页。

往后却发生完全不同的、出乎预料的影响,常常把最初的结果又消除了"①。由此表现出的已经发生和现在正不断发生的环境危机,以及进一步引致的社会关系振荡、伦理争议和反思、科学进展与变革,都比以前社会形式更加清楚地展示出"人本身的自然"和"人的周围的自然"的一体性,展示出"认识和正确运用自然规律","认识并从而控制那些至少是由我们的最常见的生产行为所造成的较远的自然后果"②,以及进一步"认清我们的生产活动在社会方面的间接的、较远的影响,从而有可能去控制和调节这些影响",甚至"同这种生产方式一起对我们的现今的整个社会制度实行完全的变革"之重要性、紧迫性。③

进入20世纪中叶尤其是20世纪六七十年代以来,大量反思社会自然关系问题和由此思考现代社会制度变革的哲学著作、理论著作、科学著作等颇受社会关注。如何正确理解为直接生产者或消费者个人利益、为资本利益和为包括后代历史的社会公共利益而占有自然,以及能不能在充分认识自然规律和尊重自然规律的前提下更加合理地占用自然,根本上说从自然界诞生的人类社会应当如何在更大危机来临前调整自我定位调整内部关系,从而以更大可能性避免人为危机,逐渐成为世界各国关心的重大社会问题。所谓的现代性与后现代性争议和思考、风险社会理论,尤其是深生态学、生态公民权、生态女权主义、生态神学、社会生态学、生态马克思主义、生态社会主义、环境正义等各种绿色思潮的涌现,乃至动物解放、反全球化等各种所谓环境运动、新社会运动等公民社会或政治力量的兴起,就是其集中和明显表征。④

---

① 《马克思恩格斯文集》第9卷,人民出版社2009年版,第559—560页。
② 《马克思恩格斯文集》第9卷,人民出版社2009年版,第560页。
③ 《马克思恩格斯文集》第9卷,人民出版社2009年版,第561页。
④ 参见[英]安东尼·吉登斯:《现代性的后果》,田禾译,译林出版社2000年版;[德]乌尔利希·贝克:《风险社会》,何博闻译,译林出版社2004年版;[澳]约翰·S.德赖泽克:《地球政治学:环境话语》,蔺雪春、郭晨星译,山东大学出版社2008年版。

同样是兴起于20世纪中叶特别是七八十年代改革开放以来快速发展的中国工业化进程，由于在一个相对较短的历史时期内压缩了三百多年来世界工业社会的发展历程，工业社会形式内积已久尚未解决的旧矛盾老问题和现代转型变革产生的新矛盾新问题同时交织性地呈现出来。但它同时也获得了从这一历史进程中积累的丰富经验、知识、教训中学习、吸收、改变和创造的重要机会和能力，从而具备了走向世界前台和推动时代发展的重要历史条件。诚如习近平总书记在第五次全国生态环境保护大会上所说，可以"充分利用改革开放40年来积累的坚实物质基础，加大力度推进生态文明建设、解决生态环境问题"，"推动生态环境保护发生历史性、转折性和全局性变化"[①]。无论是库布齐沙漠治理模式为世界首次呈现的沙漠整体治理、实现全球土地退化零增长目标的中国方案，还是塞罕坝造林模式为世界环境保护呈现的中国生态文明精神，以及它们为世界可持续发展提供的中国经验，莫不在很大程度上证明，通过自然资源、人力资源、科技、资本等要素在公共态、共有态和市场态之间的科学配置和转化，在社会制度体系层面科学调控和协同安排公共政策、集体行动，对帮助实现社会与自然关系的和谐调整，实现经济发展、社会公正、生态改善的融合共赢，既极为重要，也有重大现实可能性。总之，弥合社会与自然的紧张关系，有赖于社会内部协作以有序实现资源状态转换和利益增量共享，提供生态公共产品之所谓"公共性"意涵或探讨的重要性、紧迫性，或由此言之。

三 经济政治关系深刻调整的要求

人类社会靠生产和消费物质生活资料也即产品过活，从市场情境说靠消费商品过活。但这种社会消费力"既不是取决于绝对的生产力，也不是取决于绝对的消费力，而是取决于以对抗性的分配关系为

[①] 《坚决打好污染防治攻坚战 推动生态文明建设迈上新台阶》，《人民日报》2018年5月20日第1版。

基础的消费力"①。进一步说,"经济状况是基础,但是对历史斗争的进程发生影响并且在许多情况下主要是决定着这一斗争的形式的,还有上层建筑的各种因素……"② 从强调劳动过程及其时间耗费而忽视自然因素对产品价值的重要性,到重视自然过程及其时间长短对产品价值的重要性;从过于强调社会的劳动分工到再次发现"自然形成的"社会分工和"人在生产中只能像自然本身那样发挥作用……只能改变物质的形式"这一事实,③ 从而重新思考"土地为财富之母,而劳动则为财富之父和能动的要素"的内在意义,④ 可以说,人类社会每一种产品或商品的属性特点,其生产分配流通消费等等,莫不随着社会生产方式交换形式变更、社会与自然关系变化而不断发生变化。

产品在大规模采用社会化生产形式并进一步由直接劳动产品变成商品产品之前,或者说在以土地为主要生产资料或土地所有制占主导地位的历史时代,由于其直接体现或保存着更多的自然联系、自然形式,社会也还没有产生足以让他成为自然界主人的欲望和支配自然界的能力。人为的、在自然与社会之间造成犹如今天般剧烈冲突的可能性并没有明显反映出来。相反,社会只是以较为简单的生产消费流通形式、存在方式在自然界引起一些影响与变化。

但自产品采取社会化生产经营和商品形式以来,或说在资本所有制占主导地位的历史时代,以商品范畴即商品生产和商品流通为基础构建社会关系、反映社会形式,一切都被商品化,商品生产与流通、生产与消费、供给与需求、自然需要和"社会创造的需要"的分离,越发加大了生产行为直接效果和远期结果的差距。商品产品更多的是体现社会的、历史的联系或所谓"战胜自然""超乎自然"的社会形

---

① 《马克思恩格斯文集》第7卷,人民出版社2009年版,第273页。
② 《马克思恩格斯选集》第4卷,人民出版社2012年版,第604页。
③ 《马克思恩格斯文集》第5卷,人民出版社2009年版,第56页。
④ [英]威廉·配第:《赋税论 献给英明人士 货币略论》,陈冬野等译,商务印书馆1978年版,第66页。

式，在资本希望获得更多剩余价值的欲望驱动下，以及以资本利益为核心的要素分配与流通体制和以此构建的政治体制推动下，国家与社会财富的概念被日益固化在商品交换价值或货币身上，而非更多具有自然联系的、物质形式的产品使用价值上。商品范畴的极端化和货币资本的过剩，商品生产者同时作为消费者的消费力受到以资本为核心的分配体制或政治制度的制约，由此凸显的商品形式的过剩生产和有限消费之间的矛盾、资本权力和劳动者应得权利之间的矛盾，实际上意味着或必然造成社会对自然的索取过度和补偿乏力，以及自然对社会生产和消费物质结果的还原困难。尤其是在商品生产采取大规模、高消耗和具有较大风险性方法，而生产结果也即商品产品归资本个别所有的情况下。

商品生产本身面临的与过去相比更大的资源环境约束，虽正在迫使它自身不断演化出绿色生产方式并可能由此带来绿色消费或绿色生活变革，但在一开始的短时期内，由于受资本增殖目标制约或竞争规律驱使，以及受有限消费能力的制约，难以普遍带来更高的利润率而在较大程度上受到资本的欢迎，或者说受资本驱动及其政治制度制约下的商品生产者的欢迎。在过去的发展史上，一定的政治或分配体制曾经为劳动产品到普遍商品形式的转化起过有力的"助产士"的作用；而自20世纪七十年代联合国人类环境大会以后实行一波又一波不同形式的所谓"绿色新政"同样表明，一定的政治体制或分配安排仍然可以在新的时期为发展绿色商品生产与消费发挥同样的作用。

在不断发生的环境公害或危机事件面前，公民的绿色权益意识不断觉醒、绿色行动能力不断增强，或者说绿色需求在不断增加。但从当前经济运行角度来说，如果它与消费者生态消费力的形成、与有货币支付能力的消费需求并非一个概念，所能产生的绿色生产激励也就很难呈现正向关系。从市场个体角度来说，相关物品需求都呈现为具有交换价值或以货币衡量支付的商品形式；但从国家或社会作为一个有机体的整体角度来说，对不经过这个社会有机体的共同努力劳动就无法得以有效改善的自然生态条件来说，这些物品仍然呈现为劳动产品，仍然只是使用物品，作为使用价值"表示物和人之间的自然关系"①。劳动产品变为商品产品，并不意味着商品形式的绝对化和发展变化的终结。商品形式在人类社会历史上早已存在，但不同的社会形式情境或上层建筑形式可以使它呈现极不相同的应用结果。从更大层次和更长远意义上看，商品与产品之间并没有绝对界限，商品起自产品，也归于产品，其根本目的与宗旨是如何更好更合理地满足人类社会需求，成为最终体现为生命活动本质的人的"劳动"的对象、手段，从一种形式的使用价值转换和"让位给更高级的形式，直到对象成为直接的消费对象"②，进而在人与自然之间关系的意义上也成为自然的消费对象。或者还需附带说明的是，不论在社会体系内还是在人与自然关系中，每种使用价值都只是形成新使用价值的基本前提，"组成新形成的使用价值的那些要素所经历的劳动过程越多"，"新使用价值的存在所经过的中介越多，这种使用价值就越高级"③。而且经过不同的经济结构、社会形式乃至人与自然关系形式，从简单发挥有用性的"物为人而存在"，到一定社会关系内产生交换价值的"物的社会存在"，再到一定人与自然关系内呈现有用性的"物的一般存在"④，它完全可以起到不同的重要作用。当下各种愈益深化和多样化的公众体验式生产消费模式、接近自然甚至直面自然的生产消费模式，实际上更多体现出对这种劳动过程与结果的产品属性的意义感知及丰富认同的重要性。

中国提出生态文明理念，主张"良好生态环境是最公平的公共产品，最普惠的民生福祉"⑤。更把生态文明建设写入宪法，通过统筹推进经济建设、政治建设、文化建设、社会建设、生态文明建设，谋

---

① 《马克思恩格斯全集》第 26 卷第 3 册，人民出版社 1974 年版，第 326 页。
② 《马克思恩格斯文集》第 8 卷，人民出版社 2009 年版，第 73 页。
③ 《马克思恩格斯全集》第 32 卷，人民出版社 1998 年版，第 64 页。
④ 《马克思恩格斯全集》第 26 卷第 3 册，人民出版社 1974 年版，第 326—327 页。亦参见《马克思恩格斯全集》第 19 卷，人民出版社 1963 年版，第 412—417 页。
⑤ 《习近平在海南考察：加快国际旅游岛建设 谱写美丽中国海南篇》，《人民日报》2013 年 4 月 11 日版。

求物质文明、政治文明、精神文明、社会文明、生态文明的协调发展。在更大程度上所表现或重视的，是如何从制度顶层实施整体调控，合理安排总生产或总供给，实现生态环境因素或自然要素在商品产品和劳动产品间的有机转化；如何在更高技术基础上发挥其不同形式特点满足所有人对良好生态环境和美好生活的需求。简言之，经济政治关系的协调，有赖于循着和利用产品或商品的不同属性特征、变换过程和形式，不断消弭应得权利与供给之间或需求与供给关系的冲突点。提供生态公共产品之所谓"产品性"意涵或探讨的重要性、紧迫性，或由此言之。

如果允许用最通俗语言来概括上述三个方面，或许可以说，在人类发展的阶梯上，较低级的支配自然掠夺自然营养富源的生产方式已不再可行，同样要交换给自然以更多营养富源；狭隘地关心人类社会本身并不能真正实现自我关心，而要更多关心自然；免于匮乏的温饱生活正逐步成为过去，对健康美好生活的追求和积极行动正走向历史前沿。

综上，探索优化生态公共产品政府提供机制，需要把它放在人与自然关系的总框架中进行考虑，更需要从社会的生产方式交换方式变迁、社会自然关系平衡、经济政治关系调整的现实世界历史进程中进行审视，从一国、一地等特定主体面临的具体情势中进行审视。之所以如此，正像马克思论述公社成员与土地关系时所说，部分取决于人的自然性质，部分取决于人实际上在怎样的经济条件下以所有者的身份对待自然，通过何种劳动方式来获取自然果实；而这又进一步取决于自然条件自然特性，由之决定的资源利用方式，以及人类社会相互关系、迁移、历史事件等引起的变动。① 进一步说，亦如他论述资本积累的历史趋势时所说，私人所有制作为公共所有制的对立物出现以来，私有制下的人对自然关系方式也作为公共的或社会的、集体的所有制下人对自然关系方式的对立物出现；而且私有制的人对自然关系

---

① 《马克思恩格斯文集》第8卷，人民出版社2009年版，第135页。

方式又随这些私人是劳动者还是非劳动者而有所不同；私有制下呈现的人与自然关系的无数色层，不过是反映了这两极间的各种中间状态。① 如果以资本为基础的私有制时代、工业时代的人与自然关系，是对个人自己劳动为基础的私有制时代或农业时代人与自然关系的第一个否定，而资本私有制时代由于自然过程的必然性所造成的对自身的否定，则是对第一个否定的否定。在理论和实践上，这个否定的历史过程和结果就是，如何在资本所具有的文明的一面、资本力量或工业化时代所取得成就的基础上，如何在科技创新基础上，通过协作和对自然及靠劳动本身生产的生产资料的共同占有，从而在更高水平上重建人与自然关系。②

中国是公有制为主体的社会主义国家，因此应该说，中国正处于这一历史进程和历史考验的最前沿。能否以及如何在不断改革完善以公有制为主体的经济制度并由此科学组织生产和实现科技创新的基础上，通过系统化、各方面相互协同的生态文明建设，在全球率先成功展现整体构建人与自然关系新方式，进而具体改革生产方式交换方式、社会自然关系、经济政治关系的可能性、现实性和新经验，无疑对中国、对世界都具有重大理论和现实意义、历史意义。加快对于生态公共产品政府提供机制的优化与探索，其相关内涵、重要性、紧迫性或由此一窥端倪，并随后述篇章内容的展开而得以具体充分展露。

---

① 《马克思恩格斯文集》第 5 卷，人民出版社 2009 年版，第 872 页。
② 《马克思恩格斯文集》第 5 卷，人民出版社 2009 年版，第 874 页。

上 篇

历史与现实
——我国生态公共产品提供面临什么样的矛盾

第一章 生态公共产品提供的历史分析

一般而言，环境保护或环境问题是我们探讨生态公共产品问题的起点与切入点，尽管随着经济社会发展和自然条件变化两者实质上有所不同。以1972年派团参加斯德哥尔摩联合国人类环境大会、1973年召开第一次全国环境保护会议为标志，我国环境保护工作已经走过了四十余年的历史。梳理过去我们国家的环境职能史或可发现，生态公共产品服务职能没有得到彰显，供给需求存在脱节。那么过去我国对生态环境管理服务的性质是如何认识的？我国的环境政策思想经历了什么样的变化？国家生态环境管理服务的政策效果到底如何？资源浪费、环境污染问题早已存在，为什么过去我们对严格环境监管和高效生态服务的诉求没有今天这样迫切？可尝试从认知变迁、政策变迁、情境变迁的历史发展脉络，立足中国国情，在梳理我国环境政策思想变迁基础上，探讨反思我国生态公共产品提供面临的矛盾变化或焦点问题及其特殊性。

第一节 文本分析：生态公共产品的认知变迁

文本分析的目的，是简要梳理我国领导层、管理实务界、学术界对生态公共产品问题的认识变化或内在规律。具体见表1-1。

表1-1　　　　　生态公共产品认知变迁的三个分析层次

分析层次	分析途径
第一层：领导层对环境问题的认识思考	分析历届党和国家领导人有关生态环境问题的报告、讲话、谈话、演讲、批示、指示、答复、信件等，可以通过公开发布的领导人文选或选集、党的重要大会报告等进行资料收集和分析
第二层：管理实务界对环境问题的认识思考	分析从事管理实务特别是中国环保事业发展历程见证者——第一任国家环保局局长曲格平先生系列著述为标志的环境管理实务见证、总结资料，以及全国地市级环保局局长培训优秀论文集
第三层：学术界对环境问题的认识思考	通过中国知网数据库对学术界有关生态公共产品主题论文进行可视化分析

虽然这些资料的形成主体存在相当大的政治势差，但通过三类资料的聚集也能产生一定的优势。其中，通过相互对比分析可以使我们明显感知到领导层或战略者、管理者、学术界对生态环境问题是否存在较大的认识差异或学术界所谓的界别"鸿沟"；通过各自的纵向梳理比较也容易看出对于更具主流性或主导性、代表性的生态环境问题认识的变化发展特点。

基于文本资料的复杂性和多样性，为更好地驾驭这一分析过程和取得更为简明的分析效果，笔者在按照历史顺序精要梳理掌握资料的基础上，将把文本分析的基本元素抽象总结为四个方面。① 第一，承认或建构的本体对象，即所针对、指出与面临的事务或事实，表明客观发生或已发生的事情。第二，对生态环境问题的假设判断，即对生态环境事务或事实所涉要素关系、因果联系、发展趋向等的总体判断。第三，施动角色及其动机，展示能够推动事务或事实变化、相应故事情节的主要角色人物与驱动力。第四，关键修辞手法，即这些文本说服听众或读者的特殊方式。由此，这些文本分析将向我们呈现，

---

① 参见 John S. Dryzek, *The politics of the earth: Environmental Discourse*, 2nd edition, New York: Oxford University Press, 2005, p. 19.

领导层、实务界、学术界主要关注或针对什么样的环境事务或事实，做出了怎样的判断，用什么样的故事情节和观点来推动事务进展。具体见表1-2。

表1-2　　　　生态公共产品认知变迁的文本分析要素

文本要素	指向内容
承认或建构的本体对象	展现面临的事务或事实，表明发生的事情
对生态环境问题的假设判断	指出相关事务或事实的内外联系、关系、趋势
施动角色及其动机	展示推动事实变化或故事情节的主要角色人物与驱动力
关键修辞手法	说服听众、读者或社会的特殊方式

一　领导层对环境问题的认识思考

（一）20世纪70年代初——20世纪70年代末：认识环境问题重要性和初创环境事业

周恩来总理被公认是中国环保事业的奠基人。从已掌握资料来看，早在1962年政府工作报告中他就提出"对于一切可以利用的废气、废物，应该注意回收，充分利用"①。从20世纪六十年代初起，他就针对林业生产重采伐、轻育林的错误做法指出不能犯"吃祖宗饭、造子孙孽"的历史错误。② 自1970年起周恩来总理在有关环境保护的30余次谈话、讲话、指示中多次强调"我们社会主义就是要讲综合利用"，"预防为主"，"后起的工业化国家，不能走老路"，"不能不顾一切，要为后代着想"，"不要单纯治病、而要从预防公害问题着手"，"污染是个大问题，要一开始就解决"，"在进行某些基本建设项目时，就要从项目方面、投资方面、设备方面和科学技术方面更加注意，那才能免去祸害"，防治污染"要互相支援，互相帮助，这是辩证的"，"如果做不到避免西方工业发达国家环境污染的

---

① 《周恩来选集》下卷，人民出版社1984年版，第378页。
② 《周恩来选集》下卷，人民出版社1984年版，第529页。

情况，社会主义制度的优越性怎么体现出来？"① 他还较早地指出"把环境搞好了，人民身体健康了，就是保护了最大的生产力，是最大的财富"的观点。② 特别是1972年他指示要派团参加斯德哥尔摩联合国人类环境会议，以学习国外好的经验和制订一些环境保护措施。他在听取代表团汇报后指示立即组织召开一次全国性的环境保护专题会议，以让当时对"环境保护"一词感到陌生的国家有关部门和全国各级领导都重视环境保护问题，意识到我国环境问题的严重性。这次会议提出了第一个中国环境保护工作规划，会后国务院批准建立了中国第一个环境保护工作机构"国务院环境保护领导小组办公室"，把环境保护列入了议事日程。

总的来说，周恩来总理的环境治理思想重在"预防为主""综合治理""统筹兼顾"，正是在他的一系列指示的指导下，中国的环保事业得以正式起步。

（二）20世纪80年代初——20世纪90年代初：环保上升为现代化战略和基本国策

邓小平同志非常重视环境保护工作。邓小平同志早在1973年就对桂林漓江污染问题提出严厉批评，指出为了发展生产，把漓江污染了，把环境破坏了，是功不抵过。③ 1978年批示要求在全国推广汽车排气净化装置。1982年批示植树造林"为了保证实效，应有切实可行的检查和奖惩制度"④。邓小平同志的批示指示等体现出他对环境保护工作认识的前瞻性和务实性。党的十二大报告、十三大报告也特别指出，资源能源节约以及人口控制、环境保护和生态平衡是关系经济和社会发展全局的重要问题，"在推进经济建设的同时，要大力保

---

① 曲格平、彭近新主编：《环境觉醒——人类环境会议和中国第一次环境保护会议》，中国环境科学出版社2010年版，第463—471页。
② 曲格平：《我们需要一场变革》，吉林人民出版社1997年版，第65页。
③ 曲格平、彭近新主编：《环境觉醒——人类环境会议和中国第一次环境保护会议》，中国环境科学出版社2010年版，第4页。
④ 《邓小平文选》第三卷，人民出版社1993年版，第21页。

护和合理利用各种自然资源,努力开展对环境污染的综合治理,加强对生态环境的保护,把经济效益、社会效益和环境效益很好地结合起来。"① 1983年12月31日至1984年1月7日,我国在北京召开了第二次全国环境保护会议,时任国务院副总理李鹏代表国务院宣告,保护环境是我国社会主义现代化建设中的一项战略任务、是一项基本国策。②

此一阶段,领导层对环境保护的重视程度明显提升,环境保护被提升到现代化战略与国策层面。

(三) 20世纪90年代——21世纪初:实现经济社会和人口资源环境协调发展、实施可持续发展战略

江泽民同志高度重视改善生态环境和可持续发展。从"不断改善人民生活,严格控制人口增长,加强环境保护"③,到"实施科教兴国战略和可持续发展战略"④,再到把"可持续发展能力不断增强,生态环境得到改善,资源利用效率显著提高,促进人与自然的和谐,推动整个社会走上生产发展、生活富裕、生态良好的文明发展道路"列为全面建设小康社会的四个重大目标之一,⑤ 从党的十四大、十五大、十六大报告来看,有关环境保护的内容、分量、地位不断加强。在2002年中央人口资源环境工作座谈会的讲话中,江泽民专门指出"实现可持续发展,核心的问题是实现经济社会和人口、资源、环境协调发展"⑥,市场体系、责任体系、依法治理是开展人口资源环境工作的重要途径。

---

① 人民网"中国共产党历次全国代表大会数据库":《沿着有中国特色的社会主义道路前进——赵紫阳在中国共产党第十三次全国代表大会上的报告》,http://cpc.people.com.cn/GB/64162/64168/64566/65447/4526368.html,2019年1月31日。
② 曲格平、彭近新主编:《环境觉醒——人类环境会议和中国第一次环境保护会议》,中国环境科学出版社2010年版,第504页。
③ 《江泽民文选》第一卷,人民出版社2006年版,第239页。
④ 《江泽民文选》第二卷,人民出版社2006年版,第25页。
⑤ 《江泽民文选》第三卷,人民出版社2006年版,第544页。
⑥ 《江泽民文选》第三卷,人民出版社2006年版,第462页。

总的来说，这一阶段的环境政策得到进一步体系化、系统化，不断结合改革开放以来的国内经济社会发展实际和国际社会发展情况而深化提升。

(四) 新世纪头十年：实现全面协调可持续发展和建设生态文明

以胡锦涛同志为总书记的党中央提出科学发展观来指导人口资源环境工作，要求牢固树立以人为本、节约资源、保护环境、人与自然相和谐的观念，明确指出"保护自然就是保护人类，建设自然就是造福人类"[①]。要求把科学发展观贯穿于发展的整个过程和各个方面，通过统筹兼顾，依靠科技创新和建设创新型国家、走中国特色城镇化道路、转变经济发展方式、调整经济结构，"把节约能源资源作为一项基本国策"[②]、建设资源节约型和环境友好型社会等，实现全面协调可持续发展，实现又好又快发展。2007年，党的十七大报告第一次明确提出把"建设生态文明"作为实现全面建设小康社会目标的新要求，要求"建设生态文明，基本形成节约能源资源和保护生态环境的产业结构、增长方式、消费模式。……生态文明观念在全社会牢固树立"[③]。在2012年7月省部级主要领导干部专题研讨班上胡锦涛同志指出："经过多年实践，大家有一个普遍共识，就是必须把生态文明建设放在突出地位，纳入中国特色社会主义事业总体布局，进一步强调生态文明建设地位和作用。"[④] 2012年，党的十八大报告提出："必须更加自觉地把全面协调可持续作为深入贯彻落实科学发展观的基本要求，全面落实经济建设、政治建设、文化建设、社会建设、生态文明建设五位一体总体布局，促进现代化建设各方面相协调，促进生产关系与生产力、上层建筑与经济基础相协调，不断开拓生产发展、生活富裕、生态良好的文明发展道路。"[⑤] 第一次专门用一章内

[①] 《胡锦涛文选》第二卷，人民出版社2016年版，第170—171页。
[②] 《胡锦涛文选》第二卷，人民出版社2016年版，第374页。
[③] 《胡锦涛文选》第二卷，人民出版社2016年版，第628页。
[④] 《胡锦涛文选》第三卷，人民出版社2016年版，第609页。
[⑤] 《胡锦涛文选》第三卷，人民出版社2016年版，第618—619页。

容强调"大力推进生态文明建设",要求"把生态文明建设放在突出地位,融入经济建设、政治建设、文化建设、社会建设各方面和全过程,努力建设美丽中国,实现中华民族永续发展"①。通过优化国土空间开发格局,全面促进资源节约,加大自然生态系统和环境保护力度,加强生态文明制度建设,"努力走向社会主义生态文明新时代"②。也正是在这次研讨班讲话和十八大报告当中,明确提出要"实施重大生态修复工程,增强生态产品生产能力"③。

至此,与前述阶段相比,这一阶段开始创造性地提出许多富有自己特色的环境政策思想和话语概念,对环境问题严重性、环境保护地位重要性、发展方法科学性的认识提升到了一个新高度。其中,更具政治经济学意味或生态经济科学性质的生态产品理念被正式、公开提出。

(五)2012年以来:全面落实"五位一体"总体布局和全面深化生态文明体制改革

以习近平同志为核心的党中央全面落实经济建设、政治建设、文化建设、社会建设、生态文明建设"五位一体"总体布局,全面深化生态文明体制改革,系统提出习近平新时代中国特色社会主义思想,提出一系列重大生态文明思想论断。2013年,习近平总书记在考察海南时强调:"良好生态环境是最公平的公共产品,是最普惠的民生福祉。"④ 2016年视察青海时再次强调生态环境破坏和污染已经成为一个突出的民生问题,但"另一方面,我们也具备解决好这个问题的条件和能力了……现在温饱问题稳定解决了,保护生态环境就应该而且必须成为发展的题中应有之义。"⑤ 在要求深入理解新发展理

---

① 《胡锦涛文选》第三卷,人民出版社2016年版,第644页。
② 《胡锦涛文选》第三卷,人民出版社2016年版,第646页。
③ 《胡锦涛文选》第三卷,人民出版社2016年版,第611页、第645页。
④ 《习近平在海南考察:加快国际旅游岛建设 谱写美丽中国海南篇》,《人民日报》2013年4月11日第1版。
⑤ 《习近平谈治国理政》第二卷,外文出版社2017年版,第392页。

念时他说:"生态环境没有替代品","绿水青山就是金山银山","保护环境就是保护生产力,改善环境就是发展生产力","像保护眼睛一样保护生态环境,像对待生命一样对待生态环境","要坚定推进绿色发展,推动自然资本大量增值,让良好生态环境成为人民生活的增长点、成为展现我国良好形象的发力点,让老百姓呼吸上新鲜的空气、喝上干净的水、吃上放心的食物、生活在宜居的环境中、切实感受到经济发展带来的实实在在的环境效益,让中华大地天更蓝、山更绿、水更清、环境更优美,走向生态文明新时代。"① 在谈到如何看待适应经济发展新常态时他说:"人民群众对清新空气、清澈水质、清洁环境等生态产品的需求越来越迫切,生态环境越来越珍贵。"② 要"积极参与全球经济治理和公共产品供给,提高我国在全球治理中的制度性话语权"③。在主持中共十八届中央政治局第六次、第四十一次集体学习时说:"只有实行最严格的制度、最严密的法治,才能为生态文明建设提供可靠保障。"④ 建设生态文明"重在建章立制,用最严格的制度、最严密的法治保护生态环境,健全自然资源资产管理体制,加强自然资源和生态环境监管,推进环境保护督察,落实生态环境损害赔偿制度,完善环境保护公众参与制度。"⑤ 而且"生态环境保护能否落到实处,关键在领导干部。要落实领导干部任期生态文明建设责任制,实行自然资源资产离任审计"⑥。在谈到改革我国环保管理体制时强调,推进生态文明建设"必须采取一些硬措施,真抓实干才能见效"⑦。在2016年关于做好生态文明建设工作批示时指出,生态文明建设是"五位一体"总体布局和"四个全面"战略布局的重要内容,"要深化生态文明体制改革,尽快把生态文明制度的

---

① 《习近平谈治国理政》第二卷,外文出版社2017年版,第209—210页。
② 《习近平谈治国理政》第二卷,外文出版社2017年版,第232页。
③ 《习近平谈治国理政》第二卷,外文出版社2017年版,第244页。
④ 《习近平谈治国理政》第一卷,外文出版社2014年版,第210页。
⑤ 《习近平谈治国理政》第二卷,外文出版社2017年版,第396页。
⑥ 《习近平谈治国理政》第二卷,外文出版社2017年版,第396页。
⑦ 《习近平谈治国理政》第二卷,外文出版社2017年版,第389页。

'四梁八柱'建立起来，……要结合推进供给侧结构性改革，加快推动绿色、循环、低碳发展，形成节约资源、保护环境的生产生活方式。"① 而"供给侧结构性改革的根本，是使我国供给能力更好满足广大人民日益增长、不断升级和个性化的物质文化和生态环境需要，从而实现社会主义生产目的。"② 2017年他代表中央做的十九大报告，提出"人与自然是生命共同体……我们要建设的现代化是人与自然和谐共生的现代化，既要创造更多物质财富和精神财富以满足人民日益增长的美好生活需要，也要提供更多优质生态产品以满足人民日益增长的优美生态环境需要。"③

2018年他在第八次全国环境保护大会上着重指出，新时代推进生态文明建设必须坚持好"人与自然和谐共生""绿水青山就是金山银山""良好生态环境是最普惠的民生福祉""山水林田湖草是生命共同体""共谋全球生态文明建设"等理念。④ "生态文明建设正处于压力叠加、负重前行的关键期，已进入提供更多优质生态产品以满足人民日益增长的优美生态环境需要的攻坚期，也到了有条件有能力解决生态环境突出问题的窗口期"，"要充分利用改革开放40年来积累的坚实物质基础"，"推动生态环境保护发生历史性、转折性、全局性变化"。⑤

总的来说，新时代以习近平同志为核心的党中央对生态文明建设和环境保护问题论述甚多，观点深入透彻，思想深刻，对生态文明建设和自然资源、生态环境问题等表现出"系统、严格、细致、务实、紧抓不放"的鲜明特点，推动生态文明建设和环境保护工作走向取得

---

① 《习近平谈治国理政》第二卷，外文出版社2017年版，第393页。
② 《习近平谈治国理政》第二卷，外文出版社2017年版，第252页。
③ 习近平：《决胜全面建成小康社会 夺取新时代中国特色社会主义伟大胜利——在中国共产党第十九次全国代表大会上的报告》，人民出版社2017年版，第50页。
④ 《坚决打好污染防治攻坚战 推动生态文明建设迈上新台阶》，《人民日报》2018年5月20日第1版。
⑤ 《坚决打好污染防治攻坚战 推动生态文明建设迈上新台阶》，《人民日报》2018年5月20日第1版。

重大突破的新阶段。而且在这里，生态产品、生态环境是最公平的公共产品等理念从政治经济学或经济学等角度得到进一步阐明。正如习近平总书记指出："在30多年持续快速发展中，我国农产品、工业品、服务产品的生产能力迅速扩大，但提供优质生态产品的能力却在减弱，一些地方生态环境还在恶化。"①

综上，以文本分析方式简明概括领导层环境政策思想的变化情况，从而能在一定程度上反映出领导层对生态公共产品的认知变迁特点。

表1-3　　领导层生态公共产品认知变迁的文本分析

文本要素	20世纪70年代初—20世纪70年代末	20世纪80年代初—20世纪80年代末	20世纪90年代—新世纪初	新世纪头十年	2012年以来
承认或建构的本体对象	环境污染、三废	环境污染、资源能源浪费	生态环境、自然资源和经济社会发展矛盾，生态环境恶化趋势	生态环境总体恶化、经济增长的资源环境代价	资源约束趋紧、环境污染严重、生态系统退化，生态文明建设是突出短板
对生态环境问题的假设判断	预防和综合利用、化害为利	人口控制、环境保护和生态平衡关系经济和社会发展全局	实现可持续发展，核心问题是实现经济社会和人口、资源、环境协调发展	实现全面协调可持续发展，建设生态文明，基本形成节约能源资源和保	生态文明建设处于压力叠加负重前行的关键期，提供更多优质生态产品满足人民日益增长的优美生态环境需要的攻坚期、有能力

① 《习近平谈治国理政》第二卷，外文出版社2017年版，第79页。

第一章 生态公共产品提供的历史分析

续表

文本要素	20世纪70年代初—20世纪70年代末	20世纪80年代初—20世纪80年代末	20世纪90年代初—新世纪初	新世纪头十年	2012年以来
对生态环境问题的假设判断	预防和综合利用、化害为利	人口控制、环境保护和生态平衡关系经济和社会发展全局	实现可持续发展,核心问题是实现经济社会和人口、资源、环境协调发展	护生态环境的产业结构、增长方式、消费模式,实施重大生态修复工程,增强生态产品生产能力	的坚实物质基础,推动生态环境保护发生历史性转折性全局性变化解决生态环境突出问题的窗口期,充分利用改革开放以来积累
施动角色及其动机	依靠群众、大家动手、保护环境、造福人民	政府、企业、群众,在推进经济建设的同时,把经济效益、社会效益和环境效益很好地结合起来	政府、企业、社会、法律,增强可持续发展能力,促进人与自然和谐,整个社会走上生产发展、生产富裕、生态良好的文明发展道路	国家、城市、农村、科技、经济,建设资源节约型和环境友好型社会,建设生态文明,实现全面协调可持续发展,实现又好又快发展	政府、市场、企业、社会、科技、法治,既创造更多物质财富和精神财富满足人民日益增长的美好生活需要,也提供更多优质生态产品满足人民日益增长的优美生态环境需要
关键修辞手法	社会主义优越性、不能走老路	保护环境是社会主义现代化战略、基本国策	协调、不走先污染后治理的弯路	保护自然就是保护人类,建设自然就是造福人类	绿水青山就是金山银山,良好生态环境是最公平的公共产品、最普惠的民生福祉,像保护眼睛一样保护生态环境、像对待生命一样对待生态环境,山水林田湖草是生命共同体,人与自然是生命共同体,美丽中国

通过比较可知，领导层对环境问题或生态公共产品问题的认识随着我国国家建设发展与治理的总体历史进程不断深化变化，20世纪七八十年代主要是从政治角度、技术角度强调环境问题，九十年代尤其是新世纪以来主要从自然规律、科学规律、经济规律、社会发展规律的系统角度、辩证角度认识环境问题，自党的十八大以来以习近平同志为核心的党中央治理环境问题的决心、力度、坚韧度、严格程度、细致程度可以说为改革开放以来罕有，特别强调落实到实际措施、硬措施和实际效果上。并且，愈发从构建中国特色社会主义政治经济学考虑出发，或从生态经济学角度，思考论述包括生态产品、生态公共产品在内的产品生产与供需改革问题。但总体说，领导层的思考认识也有共同特点，表现为注重从国家建设发展全局，把环境问题看作发展进程之中和融入发展全局、其解决必然和必须以发展为支撑手段的问题。在这样的认识下，生态产品或生态公共产品话语概念的形成、发展与变化，必然要伴随着工业化、产业化和市场经济体制的不断完善而发展变化。从目前的表述来看，生态公共产品主要是以实施重大生态修复工程的形式来提供的，是以天更蓝、山更绿、水更清、环境更优美，或空气清新、水质清澈、环境清洁来体现的。

二 管理实务界对环境问题的认识思考

原国家环境保护局局长、全国人大环境与资源保护委员会主任委员曲格平先生出席了1972年斯德哥尔摩联合国人类环境会议、1973年我国第一次环境保护会议，担任于1974年设立的国务院环境保护领导小组办公室副主任，后又历次担任国家环境保护机构负责人，是中国环境保护事业发展的见证者、管理实务推动者领导者。另一方面，国家环境保护部门举办的全国环保厅局长培训班出版的论文集也在一定程度上反映出环境管理实务界对环境问题的认识思考。以曲格平先生为代表的管理实务界，对环境问题的思考认识呈现具体性、实际性、发展性的特点。

(一) 20世纪70年代把环境问题看成是技术工程问题

曲格平先生在分析环境认识的发展时说,"在70年代初,我只把环境问题看成是一个技术工程问题,比如说工业污染吧,只要采用适当技术和适当的工程就可以解决;对于自然生态方面的环境问题,只要实施生态技术和适当的工程也可以防治。"①

(二) 20世纪80年代认为强化环境管理和环境建设才能解决或控制住环境问题

这一时期主要是在实事求是、一切从实际出发的思想路线指引下思考中国国情,探索中国自己的环境保护道路。"第一,中国是个发展中国家,经济还很不富裕,在一个很长的时间内都不可能拿出很多钱来治理环境。"② 因此靠国家拿钱治理环境的路不可行、走不通。"第二,现存在许多环境污染问题,是管理不善造成的。据工业典型调查分析,一半左右的污染是由于管理不善造成的。"③ 因此,"只要加强管理,不需要花费很多钱,就可以解决大量的环境污染问题。"④ 在抓环境管理的同时,要促进环境建设,从而发挥各类部门在环境保护中的作用。环境管理与环境建设是有区别的,前者是有关环境保护的督促监察、建章立制活动,后者是对环境产生有利影响的各种经济建设活动。

(三) 20世纪90年代认为环境问题主要是发展方针和政策问题

"各项事业包括环境保护事业在内,如果发展的大政方针政策不对头,各项事业就不可能取得好的结果,环境保护也就不可能做好。"⑤ 中国环境问题的症结在于"发展战略不健全、发展模式陈旧、管理方式落后"⑥。具体说,经济超常发展给环境带来很大冲击,结构性污染

---

① 曲格平:《曲之求索:中国环境保护方略》,中国环境科学出版社2010年版,第108页。
② 曲格平:《我们需要一场变革》,吉林人民出版社1997年版,第92页。
③ 曲格平:《我们需要一场变革》,吉林人民出版社1997年版,第92页。
④ 曲格平:《我们需要一场变革》,吉林人民出版社1997年版,第92页。
⑤ 曲格平:《曲之求索:中国环境保护方略》,中国环境科学出版社2010年版,第108页。
⑥ 曲格平:《曲之求索:中国环境保护方略》,中国环境科学出版社2010年版,第108页。

问题加大了污染控制难度,工业总体技术水平低和物料消耗高、流失大,工业基础布局不合理加剧了环境污染,历史欠账多扩大了环境投入缺口,经济发展政策存在"政策失效"问题。① 因此必须走可持续发展之路。经济学不能再漠视环境问题了,要从经济、人口、资源、环境统一的角度,通过弥补外部不经济的缺陷,采取适当的技术、经济措施控制并解决环境问题,实现环境与经济的结合,实现可持续发展。②

(四)新世纪特别是 2012 年以来更多从经济社会系统运行和措施责任落实上认识环境问题

一方面,认为环境问题的解决不能脱离经济和技术基础、不能脱离法治,需要协调一致的经济社会条件。③ 从更高更加系统的角度说,要从文明发展兴衰的各种教训和启迪中寻找借鉴,从而倡导一种尊重自然善待自然的伦理态度,一种拜自然为师循自然之道的理性态度,一种保护自然拯救自然的实践态度。④

另一方面,主要是强调措施和责任落实。这些观点主要体现在各级地方环保机构负责人尤其是地市级环保局长层面。⑤ 他们"不仅是解决本地区环境问题的实际操作者,同时也是国家落实环境保护方针和环境政策的具体执行者。"⑥ 这些观点中较有代表性的包括,一是充分利用

---

① 参见曲格平《曲之求索:中国环境保护方略》,中国环境科学出版社 2010 年版,第 164—171 页。

② 参见曲格平《曲之求索:中国环境保护方略》,中国环境科学出版社 2010 年版,第 36—37 页。

③ 参见曲格平《曲之求索:中国环境保护方略》,中国环境科学出版社 2010 年版,第 102—103 页;曲格平《我们需要一场变革》,吉林人民出版社 1997 年版,第 75—76 页。

④ 参见曲格平《曲之求索:中国环境保护方略》,第 242—249 页。

⑤ 自 2001 年起,环保部举办全国地市级环保局局长岗位培训工作。自 2008 年起,将全国地市级环保局局长岗位培训的毕业论文精选结集由中国环境(环境科学)出版社出版。论文集主题每年稍有调整,但范畴基本稳定,历年主题包括节能减排与污染防治、总量控制和气候变化,水环境、大气环境与环境综合管理综合整治,农村环境保护和生态保护,基层环境问题与对策,生态文明建设与生态补偿,环境立法执法、纪检监察与能力建设,环境应急管理,环保体制机制探索,地方环保工作感言等。通过这些论文集能在一定程度上判断管理实务界对环境问题的认识思考。

⑥ 环境保护部宣传教育中心编:《2015 全国地市级环保局长专题培训优秀论文集》,中国环境出版社 2015 年版,前言。

现代科技，创新减排监督技术实施智慧环保，认为"信息化技术是深化总量减排的必然选择"①，"以科技网格倒逼环保网格化监管"②。二是加强农村环保工作，"建立农民环保自治机制"，"引导农民当好环保的家，做好环保的主人，形成一个有效的农村环保自治机制"③，形成生态居住区、生态养殖区、生态种植区、废水处理体系、废物处理体系的"三区两体系"农村生态建设模式。三是加强环保与经济的融合，环保不仅不会阻碍生产力的发展，还能实现环境与经济的双赢，"以环境标准倒逼高污染、高排放行业转型发展是一条可行路径"④；必须彰显生态特色，"牢固树立绿色发展、绿色富国、绿色惠民理念"和"坚持精准治理、系统治理、协同治理，不断促进环境改善和生态财富积累"⑤；排污权有偿使用和交易"增强了社会各界对环境资源稀缺性的认识，凸显了资源要素使用绩效，切实推进要素市场化配置改革，促进了资源向优质行业企业集聚，运用市场机制倒逼企业转型"⑥。四是加强环境立法、执法和执法能力培训，要解决严重环境污染定性难问题从而严密刑事法网，增设"投放危险物质罪"和"环境危险行为罪"，以行政的、民事的、刑事的综合手段杜绝环境污染。⑦ 五是健全环境管理体制，健全的环境管理体制是改善生态环境的基础和动力，在全国范围内设置若干专项议事机构统一协调监督跨省级行政区划的自然生态区域

---

① 环境保护部宣传教育中心编：《2015 全国地市级环保局长专题培训优秀论文集》，中国环境科学出版社 2015 年版，第 123 页。
② 环境保护部宣传教育中心编：《2018 年全国地市级环保局局长培训优秀论文集》，中国环境出版社 2018 年版，第 95 页。
③ 环境保护部宣传教育中心编：《2008 年全国地市级环保局局长岗位培训优秀论文集》，中国环境科学出版社 2009 年版，第 143—147 页。
④ 环境保护部宣传教育中心编：《2017 年全国地市级环保局局长培训优秀论文集》，中国环境出版社 2017 年版，第 31 页。
⑤ 环境保护部宣传教育中心编：《2017 年全国地市级环保局局长培训优秀论文集》，中国环境科学出版社 2017 年版，第 18 页。
⑥ 环境保护部宣传教育中心编：《2017 年全国地市级环保局局长培训优秀论文集》，中国环境科学出版社 2017 年版，第 68 页。
⑦ 环境保护部宣传教育中心编：《2013 年全国地市级环保局长岗位培训优秀论文集》，中国环境出版社 2013 年版，第 31 页、第 279—282 页。

环保工作,强化基层环保能力,①"厘清环境保护责任清单"②,"实施'一厂一策'监管"等,③不一而足。

表1-4　　管理实务界生态公共产品认知变迁的文本分析

文本要素	20世纪70年代	20世纪80年代	20世纪90年代	新世纪特别是2012年以来
承认或建构的本体对象	环境污染、资源能源浪费	环境污染、环境与经济建设矛盾	生态环境恶化	生态环境恶化、经济增长的资源环境代价
对生态环境问题的假设判断	工程技术问题	强化环境管理和促进环境建设才能解决环境问题	是发展方针政策问题,要从经济、人口、资源、环境统一角度,弥补外部不经济的缺陷,采取适当技术、经济措施控制解决环境问题,实现环境与经济结合和可持续发展	环境问题的解决不能脱离经济和技术基础、不能脱离法治,需要协调一致的经济社会条件,要进行文明的反思与重建。要从体制高度,综合运用现代技术手段、市场手段、法治手段,落实环境责任
施动角色及其动机	依靠专家,利用技术解决环境污染	依靠政府管理,通过加强环境管理事前预防解决一大批环境问题	依靠政府管理、科学技术、人口控制、资源配置、产业政策优化,实现环境、经济与发展的结合	政府带动、企业主动、群众联动,用产业化、市场化、法治化、科学化、民主化手段,实现生产方式、生活方式、发展方式绿色化

---

① 环境保护部宣传教育中心编:《2015全国地市级环保局长专题培训优秀论文集》,中国环境科学出版社2015年版,第153—155页。
② 环境保护部宣传教育中心编:《2018年全国地市级环保局局长培训优秀论文集》,中国环境科学出版社2018年版,第86页。
③ 环境保护部宣传教育中心编:《2018年全国地市级环保局局长培训优秀论文集》,中国环境科学出版社2018年版,第93页。

续表

文本要素	20世纪70年代	20世纪80年代	20世纪90年代	新世纪特别是2012年以来
关键修辞手法	社会主义也有环境问题	中国还很不富裕，不可能拿出很多钱来治理环境，靠国家拿钱治理环境的路不可行、走不通	发展方针政策不对头，政策失效	亮剑行动，铁腕治污，挂牌督办，打持久战，智慧环保，单打变联动，建立环保最广泛"统一战线"

比较可知，管理实务界对环境问题的认识思考也在不断深化和综合化。从最初强调工程技术治污，到逐步认识到技术不是最大问题，而在于发展的政策和模式以及管理方式的落后。新世纪特别是党的十八大以来，更明显地认识到综合施策、精准施策、协同施策、依法施策、严格施策，以及环境融入经济、产业、市场、社区和明确责任、落实责任对解决环境问题的重要性。这些认识有的可能产生于领导层形成总体性的判断之前，有的产生于其后，但基本一致的特点是，更偏重于实际问题的发现、解决，原因、症结的归纳和领导层所定方针政策的执行。这受到管理实务界"解决本地区环境问题的实际操作者"和"落实环境保护方针和环境政策的具体执行者"定位的约束。

三 学术界对环境问题的认识思考

以中国知网数据为基础，以"生态公共产品"和"生态产品"为主题进行核心论文文献搜索。截至2018年底，共在核心期刊发表文章572篇，去除各种会议介绍、说明等，得到有效文章550篇，发表时间为1992—2018年。[1] 并借助CiteSpace工具进行简要可视化分析，分析学术界对环境问题"生态产品"或"生态公共产品"角度的研究进程。[2]

---

[1] 中国知网中文数据库搜索时间为2019年2月15日，其中搜到2019年核心期刊文献4篇。鉴于年度完整性，主要统计1992—2018年期间的文献。

[2] 图中节点越大，表明有关该主题的关键词出现次数越多、探讨越集中。

从发文数量趋势看，呈现三阶段特征。20世纪90年代为第一阶段，都没有超过10篇，平均数为3篇左右。2003年以来至2012年为第二阶段，发文量则有数倍的增长，平均数为22.9篇。2013年以后进入第三阶段，发文量跃居40篇以上，平均数为46篇。这与国家环境事业、生态文明建设总体进程具有一致性。

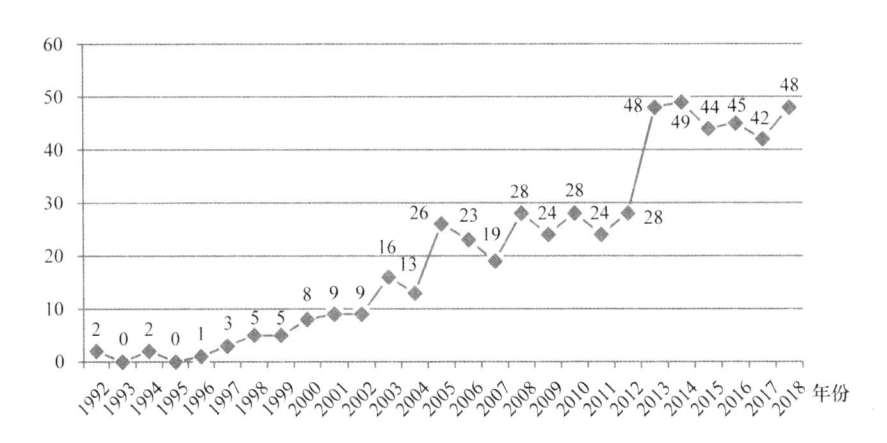

图1-1 生态公共产品主题论文发表文献数量趋势

从发文主题看，第一阶段多围绕产品生态化设计、可持续发展经济学或产业生态学、生态经济学、森林生态效益与旅游产品开发等进行探讨。第二阶段主要探讨环境资源建设、林业或森林生态产品、生态旅游产品、生态环境产品、生态产业与生态消费、生态补偿、生态功能区等问题。第三阶段则围绕生态文明、生态利益与生态需求、生态产品与服务供给制度创新、生态资本运营、生态功能区与政府生态服务职能转型等问题进行。学界对生态公共产品或生态产品范畴的界定集中在森林生态产品、生态旅游产品、生态系统服务、主体功能区或生态功能区、生态保护、生态资本或生态资产、生态文明建设等方面。见图1-2。

图 1-2 生态公共产品学界探讨重点

涵盖的学科领域主要是经济学、生态学、环境工程、企业管理、旅游管理、城市管理、农村区域发展、财政与统计、政治学等。也不乏马克思主义角度的探讨，但主要是思想性、立场性的生态文明理论主题研究。其中最明显的还是经济学或旅游管理、生态学与环境工程等领域的探讨较多。见图 1-3、1-4。

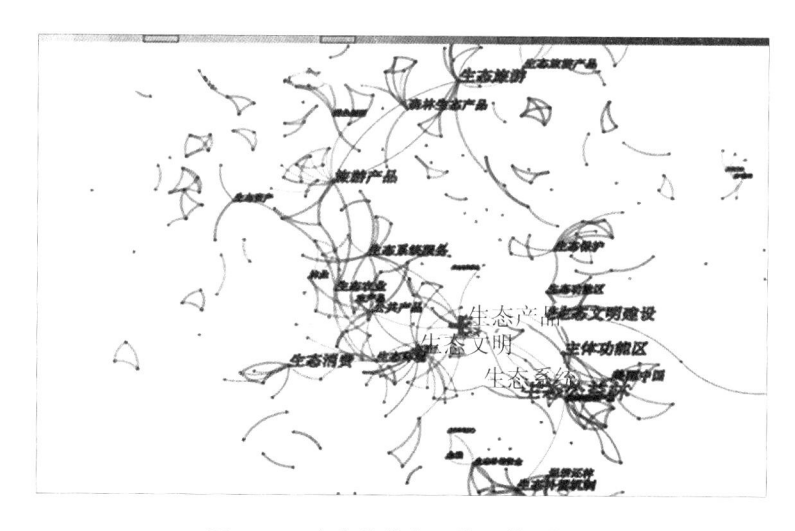

图 1-3 生态公共产品涉及学科领域

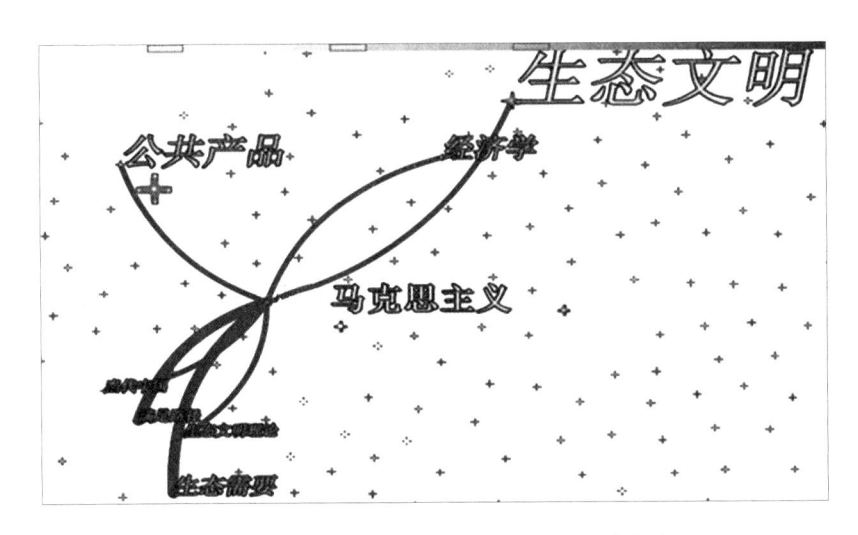

图1-4 生态公共产品的马克思主义研究视角

学界承认或建构的事实是外部性、生态需求,对环境问题的假设判断是通过改善经济、政治、社会等层面的供给体系、满足路径等解决生态公共产品需求或经济社会发展的外部性问题。主要施动角色被放在政府、企业管理身上,以实现外部问题的内部化。主要修辞手法有环境危机、生态化、产业化、生命周期评价、生产能力、失效、绩效、价值等专业术语。见表1-5。

表1-5 学术界生态公共产品认知变迁的文本分析

文本要素	指向内容
承认或建构的本体对象	外部性、生态需求
对生态环境问题的假设判断	改善经济、政治、社会等层面的供给体系、满足路径等解决生态公共产品需求或经济社会发展的外部性问题
施动角色及其动机	政府、企业
关键修辞手法	环境危机、生态化、产业化、生命周期评价、生产能力、失效、绩效、指标、价值

与领导层、管理实务界比较,尽管受到领导层和管理界是否重视

和能否推进环境事业的影响,但学术界对环境问题和生态公共产品问题仍有相对独立性,尤其是把生态公共政策、规章制度等也包括进了生态公共产品范畴,这与领导层和管理界重视大型生态修复工程有所差异。因此,学术界更多的是直接把生态环境议题作为公共产品问题来讨论的。反过来说,学术界探讨环境问题或生态公共产品问题的经济学理论、观点等也对领导层和管理界产生了一定影响,并且近年来新出现的基于马克思主义视角的生态文明理论研究在政治层面、制度设计层面上开始产生影响。

第二节 进程分析:生态公共产品的政策变迁

首先是党中央、国务院发布的环境保护、生态环境建设、生态文明建设改革等文件资料,甚至环境立法等情况。二是历次国民经济和社会发展五年计划,与之相应的历次环境规划或环境行动计划。三是1973年以来八次全国环保大会表达出的政策变化。进而从我国环境发展各阶段目标和结果数据、面临的形势变化等看政策实践效果。具体见表1-6。

表1-6 生态公共产品政策变迁的主要进程

主要进程	政策产出
进程一: 党中央国务院发布生态环境保护和生态文明建设改革文件、环境立法	环境保护和生态文明建设与改革的总纲领、方针、原则、发展战略、指导意见、法规、条例、办法等
进程二: 国民经济和社会发展五年计划、环境规划或计划	国民经济和社会发展各阶段环境保护的目标任务、策略方法、行动计划等
进程三: 全国环境保护会议	环境保护的基本方针、原则、制度

各进程的政策产出作为"国家(政府)执政党及其他政治团体

在特定时期为实现一定的社会政治、经济和文化目标所采取的政治行动或所规定的行为准则,它是一系列谋略、法令、措施、办法、方法、条例等的总称"[1]。或者说这些政策是一系列有关环境保护和生态文明建设的目标价值、意图策略、制度规则、措施方法的行动计划和行动过程。这些政策本身已然是一个复杂庞大的政策系统,由高到低包括总政策、基本政策、具体政策等三个不同层次,低位阶政策服从服务于高位阶政策;是一个包括种种政策类型在内的功能谱系,呈现不同的政策功能、构成维度、运行过程、效果释放特点。

表1-7　　　　　　　　生态公共产品政策的主要特点

主要特点	内容描述
定位多阶性	总政策:环境保护和生态文明建设总纲领、原则、方针、国策等的阐述、规划 基本政策(领域政策、群政策):环境保护和生态文明建设本身各领域及其融入经济社会文化政治等各方面各过程的制度规定和计划要求 具体政策(单个政策):有利于生态环境保护与修复、促进经济社会生态协调发展的操作性办法和措施以及具体、个别的、专项的行动计划
功能多样性	根据政府强制的可能性及强制影响途径、成本与收益集中分散程度、政府意识形态关注度与压力群体密集度等不同标准,划分成分配政策、再分配政策、限制性政策(规制政策)、发展性政策、意识形态性政策、体制性政策等类型,政策的相对优势性、兼容性、复杂性、可获得性和可试用性等五种易被采纳者主观感知的创新属性会影响政策扩散速度[2]
构成多维性	内容构成具有经济、政治、文化、社会、科技、自然等多个维度
过程往复性	政策过程是一系列问题形成、前景预判、方案制定、政策执行、政策评估等环节在时空上、主体间不断循环交互、相继相并而行的过程
效果释放长程性	政策效果的释放一般不是一个非常直接或单一的过程,而是通过不同要素及其生态位的转变、改善或间接或直接、总体性地反映出来,这些效应包括政策的环境质量效应、能源资源效应、技术创新效应、市场价格效应、财税金融效应、生产消费效应、精神文化效应等,存在相互联系相互影响的性质

---

[1] 朱崇实、陈振明等:《公共政策——转轨时期我国经济社会政策研究》,中国人民大学出版社1999年版,第2页。

[2] E. M. Rogers, *Diffusions of Innovations*, New York: The Free Press, 1995, p. 209.

一 政策演化进程与特点

（一）党中央、国务院的环境保护与生态文明建设政策进程

主要是从纲领、方针、原则、意见、战略等总政策引导、设计层面确定环境保护直至生态文明建设与改革重要性、发展的战略思路。但随着形势和国情发展变化，尤其是2012年党的十八大以来，该进程政策正加速向更具可操作性、可核实性的措施办法、专项计划等演进。可以分为四大阶段。

第一阶段，环境保护议题列入党的代表大会报告，生态环境问题得到政治关注。主要自党的十二大开始，中央把保护农业资源、保持生态平衡、加强能源开发和能源节约写入党的全国代表大会报告。[①]表明党中央对环境问题的重视，但此时的政策进程主要是一种意向性的表达，生态环境问题是包含在农业问题中来说明的。自党的十三大开始，则用"特别指出"的阐述方式把环境保护、生态平衡与人口控制提升到关系经济和社会发展全局的重要问题的高度，要求把经济效益、社会效益和环境效益很好地结合起来。[②] 至此，生态环境问题作为一个重要问题和发展愿景开始得到特别政治关注。

第二阶段，环境保护以及可持续发展逐步进一步清晰明确化为国家发展战略、任务、目标。党的十四大把严格控制人口增长和加强环境保护列入20世纪90年代改革和建设的十大主要任务，[③] 党的十五

[①] 人民网"中国共产党历次全国代表大会数据库"：《全面开创社会主义现代化建设的新局面——胡耀邦在中国共产党第十二次全国代表大会上的报告》，http://cpc.people.com.cn/GB/64162/64168/64565/65448/4526368.html，2019年2月10日。

[②] 人民网"中国共产党历次全国代表大会数据库"：《沿着有中国特色的社会主义道路前进——赵紫阳在中国共产党第十三次全国代表大会上的报告》，http://cpc.people.com.cn/GB/64162/64168/64566/65447/4526368.html，2019年1月31日。

[③] 人民网"中国共产党历次全国代表大会数据库"：《加快改革开放和现代化建设步伐 夺取有中国特色社会主义事业的更大胜利——江泽民在中国共产党第十四次全国代表大会上的报告》，http://cpc.people.com.cn/GB/64162/64168/64567/65446/4526313.html，2019年2月10日。

大把可持续发展战略列为经济体制改革和发展八大战略，①党的十六大把"可持续发展能力不断增强，生态环境得到改善，资源利用效率显著提高，促进人与自然的和谐，推动整个社会走上生产发展、生活富裕、生态良好的文明发展道路"列为全面建设小康社会四大目标之一。②

第三阶段，环境保护与资源能源等问题上升为生态文明建设议题，并进一步把生态文明建设写入党章和列入中国特色社会主义事业总体布局。党的十七大在十六大确立的全面建设小康社会的目标基础上，坚持中国特色社会主义经济建设、政治建设、文化建设、社会建设的基本目标和基本政策构成的基本纲领，根据发展形势进一步提出了实现全面建设小康社会奋斗目标的新要求，提出"建设生态文明"这一新提法，以之统筹资源、环境、生态并把建设生态文明作为实现全面建设小康社会奋斗目标的五大新要求之一。③党的十八大则进一步提出必须把生态文明建设放在突出地位，列入中国特色社会主义事业"五位一体"总体布局，融入经济建设、政治建设、文化建设、社会建设各方面和全过程。④更突出的是，十八大决议将生态文明建设写入党章并加以专门阐述。

另外，根据这一阶段的新情况，2014年对1979年制定试行、1989年正式修订实施的《中华人民共和国环境保护法》进行了第二次全面修订，提出了建立国家环境污染监测预警机制、划定生态保护红线、扩

---

① 人民网"中国共产党历次全国代表大会数据库"：《高举邓小平理论伟大旗帜，把建设有中国特色社会主义事业全面推向二十一世纪——江泽民在中国共产党第十五次全国代表大会上的报告》，http://cpc.people.com.cn/GB/64162/64168/64568/65445/4526288.html，2019年2月10日。

② 人民网"中国共产党历次全国代表大会数据库"：《全面建设小康社会，开创中国特色社会主义事业新局面——江泽民在中国共产党第十六次全国代表大会上的报告》，http://cpc.people.com.cn/GB/64162/64168/64569/65444/4429121.html，2019年2月10日。

③ 人民网"中国共产党历次全国代表大会数据库"：《高举中国特色社会主义伟大旗帜 为夺取全面建设小康社会新胜利而奋斗——在中国共产党第十七次全国代表大会上的报告》，http://cpc.people.com.cn/GB/64162/64168/106155/106156/6430009.html，2019年2月10日。

④ 《胡锦涛文选》第三卷，人民出版社2016年版，第619、644页。

大环境公益诉讼主体、环境污染处罚按日计罚不设上限、明确政府环境管理职责等新规定。环境保护的法律依据进一步健全。

第四阶段，高强度、高密度生态文明改革与政策落实，注重政策细化具体化和可操作性、可核实性。党的十八大尤其是党的十八届三中全会以来，党中央连续出台强化落实和加强生态文明改革的各种方案、意见。比如2015年5月中共中央、国务院印发《关于加快推进生态文明建设的意见》，8月印发《党政领导干部生态环境损害责任追究办法（试行）》，9月中共中央政治局通过《生态文明体制改革总体方案》。为推进政策落地落实、见实效，2017年6月中央全面深化改革领导小组审议通过《党政领导干部自然资源资产离任审计规定（试行）》，7月又审议通过了《环境保护督察方案（试行）》。为强化具体领域污染治理，经中央审议通过，国务院于2013年9月、2015年2月、2016年6月连续发布《大气污染防治行动计划》《水污染防治行动计划》和《土壤污染防治行动计划》，2018年进一步细化实施《打赢蓝天保卫战三年行动计划》。与以往相比，这些新制定的生态文明建设意见、改革方案、责任规定等政策文件，以及更为具体的专项行动计划等，不再是一般性的纲领、方针、原则、目标，而是系统严密、具备可操作性、强约束力的环境管理、环境建设措施和推进督促办法。

表1-8　　党中央国务院的环境保护与生态文明建设政策进程

主要阶段	政策议程	政策特点
第一阶段：党的十二大、十三大	环境保护议题列入党的代表大会报告，生态环境问题得到政治关注	政策意向，总政策，意识形态性政策
第二阶段：党的十四大、十五大、十六大	环境保护以及可持续发展逐步清晰明确化为国家发展战略、任务、目标	战略任务目标，总政策、基本政策，意识形态性、发展性政策

续表

主要阶段	政策议程	政策特点
第三阶段：党的十七大、十八大	环境保护与资源能源等问题上升为生态文明建设议题，进一步把生态文明建设写入党章和列入中国特色社会主义事业总体布局	新要求，总政策、基本政策，意识形态性、发展性、体制性政策
第四阶段：十八届三中全会以来	高强度、高密度生态文明改革与政策落实，注重政策细化具体化和可操作性、可核实性	新要求，约束力，总政策、基本政策、具体政策，分配与再分配、规制性、体制性政策

（二）国民经济和社会发展五年计划、环境规划的政策进程

自 1973 年第一次全国环境保护会议以后，国务院环境保护领导小组于 1975 年正式领导编制了第一个全国环境保护十年规划，提出了五年控制、十年解决环境污染的总体目标。从 1982 年"六五"计划起，加强环境保护制止环境污染作为十大任务之一，首次以一个独立篇章的形式列入国民经济和社会发展规划，但受第一个环境保护十年规划的影响，"六五"期间并未制定相应的五年环境规划。从"七五"计划起，则一直连续制定与历次国民经济和社会发展规划相应的五年环境保护规划。所以总体来说，自第一次全国环境保护会议以后，我国的环境保护规划或环境计划工作一直持续进行。到目前为止，与历次国民经济和社会发展计划相应，我国已连续编制了 8 个环境保护五年规划。[①] 这些规划主要是生态环保工作每五年的阶段目标任务、工作计划等，有总政策要求，有具体政策措施，但更多属于基本政策层面内容。主要是从"十三五"规划以来，具体政策与任务、措施明显占据更大比例并且重要性日益凸显。

---

① 包括第一个环境保护十年规划，该规划历经"五五""六五"两个五年计划，因此环境保护规划的发展可以从国民经济与社会发展"五五"计划算起。由于环境保护规划是对国民经济与社会发展计划中的环境议题的详细分解和规定安排，因此本书主要对历次环保规划内容进行简明解析。

第一章　生态公共产品提供的历史分析

第一阶段，从第一个环境保护十年规划到环境保护"八五"计划，也即"五五"到"八五"，属于污染防治型计划。政策目标是污染防治、搞好"三废"治理。①

第二阶段，从"九五"到"十五"，属于控制污染和生态保护型计划。政策目标是防治污染与生态保护、基本控制或初步遏制环境污染与生态破坏加剧的趋势，形成与社会主义市场经济体制相适应的环境管理、政策和法规体系，改善部分城市、地区、城乡环境质量。②

第三阶段，从"十一五"到"十二五"，属于解决重点污染和重点生态环境建设型计划。政策目标是二氧化硫和化学需氧量、重金属、持续性有机污染物、危险化学品、危险废物等主要污染物排放量得到控制，水源地水质、城镇基础环境设施等重点环境要素质量有所改善提升，生态环境恶化趋势基本遏制并进一步得到扭转，健全环境安全与监管体系。③

第四阶段，"十三五"以来，属于生态文明全面改革创新型计划。第一次在政策目标中单独提出具体工作目标，第一次把环境保护计划名称改为生态保护规划。第一层面是基本政策目标：与全面建成小康社会相应，生态空间、生态质量、生态功能、生物多样性、生态安全得到改善和保障，生态保护统一监管水平明显提高，生态文明建设示范取得成效。第二层面是具体工作目标：全面划定和管控生态保护红线，合理布局和管护自然保护区，完成200个国家级自然保护区规范化建设，完成生物多样性保护优先区域本底调查评估和生物多样性观测网络建设工作，建成生态监测数据和监管平台，健全生态文明体制机制，创建60—100个生态文明建设示范区、一批环境保护模范城和凸显生态文明

---

① 参见孙荣庆《环保五年规划发展历程》，《中国环境报》2012年8月9日第2版。
② 参见国务院《国务院关于国家环境保护"九五"计划和2010年远景目标的批复》，国函〔1996〕72号，1996年9月3日；《国务院关于国家环境保护"十五"计划的批复》，国函〔2001〕169号，2001年12月26日。
③ 参见国务院《国务院关于印发国家环境保护"十一五"规划的通知》，国发〔2007〕37号，2007年11月22日；《国务院关于印发国家环境保护"十二五"规划的通知》，国发〔2011〕42号，2011年12月15日。

示范效应。①

表1-9　国民经济和社会发展五年计划、环境规划的政策进程

主要阶段	政策议程	政策特点
第一阶段："五五"到"八五"	污染防治、"三废"治理	总体目标、任务、措施，总政策、基本政策、具体政策，规制性政策
第二阶段："九五""十五"	控制污染和生态保护	总体目标、任务、措施，总政策、基本政策、具体政策，发展性政策
第三阶段："十一五""十二五"	解决重点污染和重点生态环境建设	总体目标、任务、措施，新要求，总政策、基本政策、具体政策，意识形态性、规制性、发展性政策
第四阶段："十三五"以来	生态文明全面改革创新	总体目标、具体工作目标、任务、措施，总政策、基本政策、具体政策，分配与再分配、规制性、体制性政策

需要特别指出的是，环境保护"十二五"规划首次提出完善环境保护基本公共服务体系，"十三五"规划则明确提出扩大生态产品供给。主要是丰富生态产品、优化生态服务空间配置和提升生态公共服务供给能力三个层面，包括城市生态保护、生态建设与空间布局、生态服务能力，风景名胜区、森林公园、湿地公园保护，公众休闲、旅游观光、生态康养服务和产品，城乡绿道和郊野公园等城乡生态基础设施等内容项目。

（三）全国环境保护会议的政策进程

自1972年派团出席斯德哥尔摩联合国人类环境会议以后，我国就认识到了环境问题的重要性，在周恩来总理的指导下，1973年国务院组织召开了我国第一次全国环境保护会议。到2018年5月，已连续召开8次全国环境保护会议。这些会议专门针对环境保护问题，提出了许

---

① 参见环境保护部《全国生态保护"十三五"规划纲要》，环生态〔2016〕151号，2016年10月27日。

多关于环境保护的具体方针、制度、措施,对总结环境治理经验,推动我国环境保护工作发挥了重要作用。

前三次环保会议,制定形成了我国环保工作的基本方针、三大政策和八项制度,确立了我国环境管理的基础框架。1973年8月5日—20日第一次全国环境保护会议审议通过了"全面规划、合理布局、综合利用、化害为利、依靠群众、大家动手、保护环境、造福人民"的32字环保方针。[①] 1983年12月31日至1984年1月7日召开的第二次全国环境保护会议正式将保护环境作为我国的一项基本国策和现代化建设的战略任务;制定了经济建设、城乡建设、环境建设同步规划、同步实施、同步发展,实现经济效益、社会效益、环境效益统一的环保事业战略方针,形成了预防为主、防治结合,谁污染谁治理,强化环境管理三大环境政策思想。[②] 1989年4月28日至5月1日召开的第三次全国环境保护会议在总结以往环保工作经验的基础上,出台了环境目标责任制度、城市环境综合整治定量考核制度、排污许可制度、限期治理制度、污染集中控制制度等五项制度,与1979年环保法中确认的环境影响评价制度、"三同时"制度、排污收费制度共同构成中国环境保护管理的八项制度。[③]

第四次和第五次环保会议,要求环境污染防治与生态保护并举,并按市场经济要求全面推进环保工作,根据社会主义经济建设、政治建设进程提出了环保工作要求。1996年7月15—17日召开的第四次全国环境保护会议提出保护环境是实施可持续发展战略的关键,保护环境就是保护生产力,决定实施《污染物排放总量控制计划》和《跨世纪绿色工程规划》,在全国大规模开展重点城市、流域、区域、海域等污染防

---

① 曲格平、彭近新主编:《环境觉醒——人类环境会议和中国第一次环境保护会议》,中国环境科学出版社2010年版,第493页。
② 曲格平、彭近新主编:《环境觉醒——人类环境会议和中国第一次环境保护会议》,中国环境科学出版社2010年版,第7页。
③ 曲格平、彭近新主编:《环境觉醒——人类环境会议和中国第一次环境保护会议》,中国环境科学出版社2010年版,第7页。

治和生态建设与保护工程。① 2002 年 1 月 8 日，第五次全国环境保护会议明确指出，保护环境是政府的一项重要职能，要按社会主义市场经济要求、动员全社会力量做好环保工作。②

第六次和第七次环保会议，要求环保工作加快实现新形势下的三个转变和探索新道路。2006 年 4 月 17—18 日，第六次全国环境保护会议强调新形势下环保工作要加快实现三个转变。一是从重经济增长轻环境保护转变为保护环境与经济增长并重；二是从环境保护滞后于经济发展转变为环境保护与经济发展同步；三是从主要用行政办法保护环境转变为综合运用法律、经济、技术和必要的行政办法解决环境问题。③ 2011 年 12 月 20—21 日，第七次全国环境保护会议强调坚持在发展中保护和在保护中发展，切实解决影响科学发展和群众健康的突出环境问题，全面开创环保工作新局面。④

第八次环保会议系统阐述了习近平生态文明思想，推动生态环境保护发生历史性、转折性、全局性变化。2018 年 5 月 18—19 日，第八次全国环境保护会议作出了"生态文明建设正处于压力叠加、负重前行的关键期，已进入提供更多优质生态产品以满足人民日益增长的优美生态环境需要的攻坚期，也到了有条件有能力解决生态环境突出问题的窗口期"的重大判断，强调"要充分利用改革开放 40 年来积累的坚实物质基础"，"推动生态环境保护发生历史性、转折性、全局性变化"；⑤ 系统阐述了新时代推进生态文明建设必须坚持好"人与自然和谐共生""绿水青山就是金山银山""良好生态环境是最普惠的民生福祉""山水

---

① 中国环境网：《第四次全国环境保护会议》，http：//cenews. com. cn/subject/2018/0516/a_ 4113/201805/t20180518_ 874522. htm，2019 年 2 月 9 日。
② 中国环境网：《第五次全国环境保护会议》，http：//cenews. com. cn/subject/2018/0516/a_ 4113/201805/t20180518_ 874523. html，2019 年 2 月 9 日。
③ 中国环境网：《第六次全国环境保护会议》，http：//cenews. com. cn/subject/2018/0516/a_ 4113/201805/t20180518_ 874524. html，2019 年 2 月 9 日。
④ 中国环境网：《第七次全国环境保护会议》，http：//cenews. com. cn/subject/2018/0516/a_ 4113/201805/t20180518_ 874525. html，2019 年 2 月 9 日。
⑤ 《坚决打好污染防治攻坚战 推动生态文明建设迈上新台阶》，《人民日报》2018 年 5 月 20 日第 1 版。

林田湖草是生命共同体""共谋全球生态文明建设"等六大原则;① 提出了实现美丽中国的两大阶段性目标和"生态惠民、生态利民、生态为民,重点解决损害群众健康的突出环境问题,不断满足人民日益增长的优美生态环境需要"的优先点;② 要求加快构建生态文化体系、生态经济体系、目标责任体系、生态文明制度体系、生态安全体系五个体系组成的生态文明体系。

表1-10　　　　　　全国环境保护会议的政策进程

主要阶段	政策议程	政策特点
前三次环保会议	制定形成我国环保工作的基本方针、三大政策和八项制度,确立我国环境管理的基础框架	方针、制度,总政策、基本政策,规制性政策
第四次、第五次环保会议	环境污染防治与生态保护并举,并按市场经济要求全面推进环保工作	方针、意见,总政策、基本政策,发展性政策
第六次、第七次环保会议	环保工作加快实现新形势下的三个转变和探索新道路	方针、意见、新要求,总政策,意识形态性政策
第八次环保会议	阐述生态文明建设原则、目标,构建生态文明体系,推动生态环境保护发生历史性、转折性、全局性变化	判断、目标、原则、体系,总政策、基本政策、具体政策,分配与再分配,意识形态性、规制性、体制性政策

总的来看,上述三个进程的政策进展是一致的,即基本形成一个初创、提升、发展转变、改革创新的进展顺序。在每一阶段上,各位阶政策和政策功能根据进展情况都会有所变化调整,进入发展转变阶段以后问题的不断积累和解决能力的不断增长、矛盾的不断显化,促使改革创新阶段出现全新的发展治理局面。

---

① 《坚决打好污染防治攻坚战 推动生态文明建设迈上新台阶》,《人民日报》2018年5月20日第1版。
② 《坚决打好污染防治攻坚战 推动生态文明建设迈上新台阶》,《人民日报》2018年5月20日第1版。

二 政策实践效果

曲格平先生在1989年第三次全国环境保护会议上认为,"我们在推进环境保护事业方面做出了巨大努力,取得了很大成绩,这是应该充分肯定的。但是,决不可对已取得的成绩估计过高。因为我们面临的环境形势仍是十分严峻的"①。"20世纪80年代初,对环境保护形势有三句评语:局部有所控制,总体还在恶化,前景令人担忧。对于今天面临的环境形势,应作如何评估呢?是不是可以作这样的归结:局部有所改善,总体还在恶化。② 可以说,这些观点即使扩大到我国目前为止的整个环境保护事业,其看法、评价仍然比较客观。下文对国民经济和社会发展规划的环境保护目标或环境保护规划的实现情况进行了梳理分析,在一定程度上可以反映既有的环境政策实践效果。

表1-11　国民经济和社会发展规划的环境保护目标完成情况③

计划名称	计划目标	实现情况	完成与否	未完成
"六五"计划	-	-	-	-
"七五"计划	-	-	-	-
"八五"计划	-	-	-	-
"九五"计划	-	-	-	-
"十五"计划	主要污染物排放总量减少10%	<10%	完成	

---

① 曲格平:《我们需要一场变革》,吉林人民出版社1997年版,第103页。
② 曲格平:《曲之求索:中国环境保护方略》,中国环境科学出版社2010年版,Ⅵ。
③ 其中"-"表示该计划难以用明确或缺乏明确的数字目标和实现情况统计。下一计划往往对上一计划的实现情况或主要进展有所说明,有些对实现情况以表格形式直接明确列出,有的则以主要进展形式进行选择性说明。以表格形式直接列出的,本书直接采用。以进展形式进行选择性文字说明的,本书没有直接计入数字。同时为保证数字来源和指标口径的一致性,没有进一步从相关统计年鉴中搜寻数字。

第一章 生态公共产品提供的历史分析

续表

计划名称	计划目标	实现情况	完成与否	未完成
"十一五"规划	1. 单位国内生产总值能源消耗降低20%	19.1	未完成	1项
	2. 单位工业增加值用水量降低30%	36.7	完成	
	3. 农业灌溉用水有效利用系数年增0.05	0.05	完成	
	4. 工业固体废物综合利用率年增4.2%	13.2	完成	
	5. 耕地保有量1.2亿公顷	1.212	完成	
	6. 二氧化硫排放量减少10%	14.29	完成	
	7. 化学需氧量减少10%	12.45	完成	
	8. 森林覆盖率20%	20.36	完成	
"十二五"规划	1. 耕地保有量18.18亿亩	18.65	完成	1项
	2. 单位工业增加值用水量降低30%	35	完成	
	3. 农业灌溉用水有效利用系数年增0.53	0.532	完成	
	4. 非化石能源占一次能源消耗比重11.4%	12	未完成	
	5. 单位GDP能源消耗降低16%	18.2	完成	
	6. 单位GDP二氧化碳排放降低17%	20	完成	
	7. 化学需氧量排放总量减少8%	12.9	完成	
	8. 二氧化硫排放总量减少8%	18.0	完成	
	9. 氨氮排放总量减少10%	13.0	完成	
	10. 氮氧化物排放总量减少10%	18.6	完成	
	11. 森林覆盖率21.66%	21.66	完成	
	12. 森林蓄积量143亿立方米	151	完成	

表1-12　　环境保护规划所列环境保护目标完成情况①

计划名称	计划目标	实现情况	完成与否	未完成
第一个环境保护十年规划	－ ◎计划环境投资占GNP比例－	－ －	"六五"实际0.7%	
"八五"计划	－ ◎计划环境投资占GNP比例－	－ －	实际0.73%	
"九五"计划	1995年　1996年 1. 烟尘排放量（万吨）　1744　1750 2. 工业粉尘排放量（万吨）　1731　1700 3. 二氧化硫排放量（万吨）　2370　2460 4. 化学需氧量排放量（万吨）　2233　2200 5. 石油类排放量（吨）　84370　83100 6. 氰化物排放量（吨）　3495　3273 7. 砷排放量（吨）　1446　1376 8. 汞排放量（吨）　27　26 9. 铅排放量（吨）　1700　1670 10. 镉排放量（吨）　285　270 11. 六价铬排放量（吨）　670　618 12. 工业固体废物排放量（吨）　6170　5995 13. 废水排放量（吨）　356　480 14. 工业废水排放量（吨）　222.5　300 15. 工业废水处理率（吨）　76.8　74 16. 城市污水处理率　19　25 17. 工业废气处理率　74　80 18. 工业固体废物综合利用率　40　45 19. 城市垃圾无害化处理率　43　50 20. 森林覆盖率　13.95　15.5 21. 自然保护区面积　7185　1000 ◎计划环境投资占同期GNP1.3%	12种主要污染物排放总量比1995年分别下降10%—15%	实际0.93%	

---

① 本表中数字主要是根据历次环保规划中的实现情况或主要进展、专栏列表等整理而成。其中环境投资情况是作者根据规划所述以及2001年以来国家统计局网站年度GDP数据查询计算等所加而成。"六五"环境投资数据为曲格平先生《论我国环保投资及政策》一文所述，参见曲格平《我们需要一场变革》，吉林人民出版社1997年版，第129页。"十五"计划中的后3项指标实现情况根据国家生态环境部《2015中国环境状况公报》整理而成，参见中华人民共和国生态环境部网站，《2015中国环境状况公报》，http://www.mee.gov.cn/hjzl/zghjzkgb/lnzghjzkgb/201606/P020160602333160471955.pdf，2019年2月12日。

第一章 生态公共产品提供的历史分析

续表

计划名称	计划目标	实现情况	完成与否	未完成
"十五"计划	1. 二氧化硫排放量（万吨）1800 2. 烟尘排放量（万吨）1053 3. 工业粉尘排放量（万吨）1100 4. 化学需氧量排放量（万吨）1300 5. 工业固体废物排放量（万吨）2900 6. 工业用水重复利用率（%）60 7. 工业二氧化硫排放量（万吨）1450 8. 工业烟尘排放量（万吨）850 9. 工业化学需氧量排放量（万吨）650 10. 工业固体废物综合利用率（%）50 11. 设区城市空气质量达到国家二级标准比例（%）50 12. 城市污水处理率（%）45 13. 城市建成区绿化覆盖率（%）35 14. 自然保护区面临占国土面积比例（%）13 ◎计划环境投资占同期GDP1.3%	2549 1183 911 1414 1655 75 2168 949 555 56.1 54 52.0 33 15 实际1.17%	未完成 未完成 完成 未完成 完成 完成 未完成 未完成 完成 完成 完成 未完成 完成	6项
"十一五"规划	1. 化学需氧量减少10% 2. 二氧化硫排放量减少10% 3. 地表水国控断面劣V类水质比例减少4.1% 4. 七大水系国控断面好于Ⅲ类的比例增2% 5. 重点城市空气质量好于Ⅱ级标准的天数超过292天的比例增5.6% ◎计划环境投资占同期GDP1.35%	12.45 14.29 8.4 14 2.6 实际1.51%	完成 完成 完成 完成 未完成	1项
"十二五"规划	1、化学需氧量排放总量减少8% 2、氨氮排放总量减少10% 3、二氧化硫排放总量减少8% 4、氮氧化物排放总量减少10% 5、地表水国控断面劣V类水质比例减少2.7% 6、七大水系国控断面水质好于Ⅲ类的比例>60% 7、地级以上城市空气质量达到Ⅱ级标准以上的比例≥80% ◎计划环境投资3.4万亿元	12.9 13.0 18.0 18.6 6.8 63.81 76.7	完成 完成 完成 完成 完成 未完成 实际4.28万亿，占GDP1.45%	1项

总体来说，不论从国民经济和社会发展计划还是相应的环境规划执行情况来看，环境保护指标从未全部完成过，尽管某些单项指标可能会被超额完成。尤其是实际的环境投资情况，很少达到预期比例目标。各规划或计划对环境保护的形势判断都不乐观，《国家环境保护"十二五"规划》指出，"我国环境状况总体恶化的趋势尚未得到根本遏制，环境矛盾凸显，压力持续加大"①。《全国生态保护"十三五"规划纲要》则进一步表述为："但总体上，我国生态恶化趋势尚未得到根本扭转，生态保护与开发建设活动的矛盾依然突出，生态安全形势依然严峻。"②

第三节　事件分析：生态公共产品的情境变迁

环境问题和资源能源浪费等问题早已存在，领导层、管理实务界、学术界等也不乏早已意识到这些问题的有识之士。但很明显，环境问题不是孤立存在和发展的，也不可能单独地认识和解决。它是伴随着具体的经济社会发展需要和政治、科学、生产、生活等社会感性实践的发展而不断被认识，并在一系列重大事件或机会条件的影响下，逐步达到甚至跨越深刻认识和妥善解决的临界状态的。简言之，对它的认识、发展和解决必须与国情、社情相适应，受其推动。

一　国家建设中的污染防治

可以说，20世纪七八十年代，国家处于一种在动荡中或从动荡中努力维持、恢复社会主义建设的状态，此时的总体导向是政治优先。特别是60年代末70年代初"在我们颇有些自负地评论西方世界环境公害是'不治之症'的时候，环境污染和破坏正在我国急剧地发展和蔓延

---

① 国务院：《国务院关于印发国家环境保护"十二五"规划的通知》，国发〔2011〕42号，2011年12月15日。
② 环境保护部：《全国生态保护"十三五"规划纲要》，环生态〔2016〕151号，2016年10月27日。

第一章 生态公共产品提供的历史分析

着,但我们并无觉察,即或有点觉察,也认为是微不足道的,与西方的公害是完全不同的。因为,按照当时极左路线的理论,社会主义制度是不可能产生污染的。谁要说有污染,有公害,谁就是'给社会主义抹黑'。在只准颂扬、不准批评的气候下,环境清洁优美的颂歌,吹得人们醺醺欲醉。在闭关锁国的状态下,自然也可使人心安理得。"① 但接连发生的污染事件,派团出席斯德哥尔摩联合国人类环境会议,进而召开我国第一次全国环境保护会议,唤醒了领导层、管理实务界、研究者对环境问题的关注。大家认识到,社会主义也有环境问题,只有解决好环境问题,才能体现社会主义制度的优势性。但在国家建设和政治优先的总体导向下,无法避免从技术工程角度认识和解决环境问题,即环境问题的重点是"三废"污染,需要依靠特定技术加以综合解决与防治。

"从1970年到1972年6月斯德哥尔摩会议之前这段时间,在中国接连发生了几起环境污染事件"②,比如大连湾、渤海湾、上海港口、南京港口、北京官厅水库污染等。其中较为典型和重大的是,1971年冬季北京官厅水库死鱼事件,20世纪70年代初桂林漓江污染问题。③ 官厅水库死鱼事件在北京市民中引发较大反应,引起国务院、周总理的高度重视,周总理指示查清原因和认真解决。鱼体内被查出含有过量的滴滴涕,水体中被查出多种有毒物质,由此国务院又组织河北、山西、北京、天津和中央部委、中科院联合成立官厅水库水源保护领导小组,开展了我国第一次以治理工业废水为主的大型水源污染治理工作。1972年周恩来总理指示派团参加斯德哥尔摩联合国人类环境会议,促使我们以世界公害和世界各国环境保护经验为镜鉴反思我国存在的环境问题及

---

① 曲格平:《中国环境问题及对策》,中国环境科学出版社1989年版,第90页。
② 曲格平、彭近新主编:《环境觉醒——人类环境会议和中国第一次环境保护会议》,中国环境科学出版社2010年版,第2页。
③ 国内外游客曾对桂林漓江污染很有意见。邓小平同志1973年曾对桂林漓江污染问题提出严厉批评,指出为了发展生产,把漓江污染了,把环境破坏了,是功不抵过;并主持召开国务会议专题研究漓江污染治理和环境保护问题,专门下发了有关桂林山水保护的文件。参见曲格平、彭近新主编《环境觉醒——人类环境会议和中国第一次环境保护会议》,中国环境科学出版社2010年版,第4页。

其严重性，进而召开我国第一次全国环境保护会议，制定了我国环境保护的基本方针，推动环保机构成立、工业污染防治活动开展、以治理"三废"为目标的科研和技术革新。① 由此，我国环境保护事业才得以真正起步。

二 国家发展中的环境管理与环境建设、可持续发展

自1978年实行改革开放尤其是20世纪80年代末期90年代初期以来，国家把工作重心逐步转到经济建设上来，经济优先、市场优先成为国家发展的总体导向。在国家尚不富裕、生产尚不发达的情况下，在发展经济和生产力的同时，加强环境管理、环境建设进而采取治理行动，成为适当选择。在国际经济社会发展进程特别是1992年里约热内卢联合国环境与发展大会（第一届地球峰会）的影响下，逐步采取和走向可持续发展。

环境管理主要涉及环境机构建设，环境规划、环境法规制度的制定实施和监管，环境事务的组织协调；环境建设主要是促进各行业各部门在经济建设和发展中主动采取有利于环境保护、生态平衡的建设活动。② 尤其是加强环境管理，被认为是"在投资比较少的情况下，能初步控制污染"和"显示出强化管理的威力"③。

但20世纪80年代末期以来连年发生尤其是20世纪90年代更加严重的黄河持续断流问题，20世纪90年代直到21世纪头十年不断发生蔓延的沙尘暴问题，大面积的水土流失和资源锐减等，使人们思考如何在发展中保护环境，为了保护环境应当停止增长还是继续增长，若停止增长社会又如何得以发展，这种发展能否持续，也即环境保护与经济增长和社会发展是一致的还是相悖的，如何把环境与经济结合起来等一系列问题。早在1983年底召开的第二次全国环境保护会议就提出了经济

---

① 参见曲格平《中国环境问题及对策》，中国环境科学出版社1989年版，第92—93页。
② 参见曲格平《我们需要一场变革》，吉林人民出版社1997年版，第77—78页。
③ 曲格平：《我们需要一场变革》，吉林人民出版社1997年版，第95页。

建设、城乡建设、环境建设"同步发展"战略,这与1983年第38届联合国大会为探索环境与发展关系问题而成立的世界环境与发展委员会的观点高度一致。1987年该委员会在向第42届联合国大会提交的研究报告《我们共同的未来》中认为,经济与生态问题并不一定是对立的,需要在决策中将经济和生态结合起来,人类有能力使发展持续下去,并明确提出了"可持续发展"观点及战略目标。① 这些观点被1992年里约热内卢联合国环境与发展大会正式采纳。中国派团参加大会,并根据大会《21世纪议程》要求,在会后组织52个部门和社会团体编制了20余万字的《中国21世纪议程》,把保护环境看成是发展过程的重要组成部分,把经济、社会、资源、环境看成是相互联系的统一整体,把正确处理人口与发展关系看成是中国可持续发展战略的重要内容,同时注意中国环境与发展战略同全球环境与发展战略的协调。②

三 国家治理中的环境治理、生态公共产品服务

进入21世纪,随着改革开放和经济社会发展中积累的一些矛盾不断显现,迫切需要创新国家治理。尤其是2012年党的十八大、十八届三中全会以来,国家推动全面深化改革,发展和完善中国特色社会主义制度,推进国家治理体系和治理能力现代化;形成了经济建设、政治建设、文化建设、社会建设、生态文明建设"五位一体"总体布局。同时坚持以经济建设为中心,注重深化经济体制改革,使市场在资源配置中起决定性作用和更好发挥政府作用。应当说,人民中心、安全优先、创新发展已经成为国家发展的总体导向。《全国生态保护"十三五"规划纲要》提出,"紧紧围绕保障国家生态安全的根本目标,优先保护自然生态空间,实施生物多样性保护重大工程,建立监管预警体系,加大生态文明建设示范力度,推动提升生态系统稳定性和生态服务功能,筑

---

① 蔺雪春:《绿色治理:全球环境事务与中国可持续发展》,齐鲁书社2013年版,第25页。

② 国家计委、国家科委等编:《中国21世纪议程:中国21世纪人口、环境与发展白皮书》,中国环境科学出版社1994年版。

牢生态安全屏障"①，可以说是这一总体导向的具体体现。

新世纪以来频发的重金属污染中毒事件、太湖蓝藻事件等，特别是2011年发生的PM2.5爆表事件，在社会日益开放发展、经济生活日益富裕和信息传播日益发达、人们更加重视健康安全的情况下，引发了人们对经济增长、发展战略、发展模式、管理方式等造成的生态环境问题的反思。可以说，"在基本战胜'贫穷污染'之后，我国早已跨入了经济发展的新阶段，在我们充分肯定30年来经济上取得成就的同时，也应该认识到在我国的大多数地区，环境问题早已从发展不足的问题演变成发展不当的问题。"②

2011年10月入秋以后，雾霾天气持续影响华北、华东等广大地区。由于美国大使馆以PM2.5为标准测量的北京空气质量数据和北京环保机构公布的空气质量数据不一致，北京环保机构公布的是"轻微污染"，美国大使馆却说到了爆表程度，达到美国环保署认定的危险级别，并连续向使馆工作人员发出健康危险警告。这引起了部分社会人士和广大公众对我国环保机构的质疑，甚至一度引发我国环保机构和美国大使馆之间的某种争议。在一些网络、媒体、微博等形成的舆论影响下，公众开始密切关注空气质量以及相关监测标准等管理问题，甚至有知名人士在个人微博上发起了"北京空气质量调查"活动，有民间团体发起了PM2.5自测活动。北京市环保机构在巨大舆论压力下接受媒体访谈，解释了中美两国在PM10和PM2.5监测对象、标准方面的差异。国家环保部开始向民间征求意见，形成了新的《环境空气质量标准》和环境空气质量日报技术规定，并最终于2015年将细颗粒物监测覆盖全国所有地级以上城市。③

2011年的PM2.5事件不仅使雾霾问题走入社会公众视野，更使公

---

① 环境保护部：《全国生态保护"十三五"规划纲要》，环生态〔2016〕151号，2016年10月27日。
② 曲格平：《曲之求索：中国环境保护方略》，中国环境科学出版社2010年版，Ⅷ。
③ 参见蔺雪春《社会主义生态文明发展动力机制研究》，山东大学出版社2017年版，第72—73页；原文资料系根据网络、微博、杂志等资料综合整理而成。

众生态环境权益意识日益觉醒，对生态公共产品与服务的需求凸显了出来。党的十八大以来的实践证明，在较为发达的社会生产力和经济条件支撑下，政府通过更严格的环境治理，也即针对污染等问题采取更有针对性、更严密严格的监督、查处、解决、恢复等行动，以及通过更细致的基于市场化的生态资源、生态设施、生态保护和生态信息、生态标准、生态休闲康养等提供活动，加强与社会公众、行业部门的环境议题互动合作，可以缓解不适当的经济开发与社会对优美健康的生态环境需求之间的矛盾。

正如习近平总书记所说："现在，我们已到了必须加大生态环境保护建设力度的时候了，也到了有能力做好这件事情的时候了。一方面，多年快速发展积累的生态环境问题已经十分突出，老百姓意见大、怨言多，生态环境破坏和污染不仅影响经济社会可持续发展，而且对人民群众健康的影响已经成为一个突出的民生问题，必须下大气力解决好。另一方面，我们也具备解决好这个问题的条件和能力了。过去由于生产力水平低，为了多产粮食不得不毁林开荒、毁草开荒、填湖造地，现在温饱问题稳定解决了，保护生态环境就应该而且必须成为发展的题中应有之义。"[①]

因此，对环境问题或生态公共产品与服务问题的认识、政策实践，受到国家经济社会发展这一大的时代背景制约和推动。而且在不同时代背景下，一系列特殊或重大事件的发生，及其所造成的舆论影响、社会知识传播与更新、权益知觉诉求和行动能力提升等，都会对环境治理和保护、生态公共产品服务的需求提升等产生重大激发作用。

第四节　历史反思：生态公共产品的矛盾变化

从污染防治到环境管理、环境建设，再到环境治理和生态公共产品服务，我国环境政策思想与实践经历了多次质的提升和转变过程。这与

---

① 《习近平谈治国理政》第二卷，外文出版社2017年版，第392页。

国家从"站起来"到"富起来"再到"强起来"的大时代背景转换也是一致的。随着时代转换和政策转变，环境保护或生态公共产品提供中面临的形势或矛盾、焦点问题等也自然发生许多变化。从前述环境政策思想变迁分析来看，以往的"规划落实不到位、投入跟不上、指标完不成"的环境工作被动局面，[①] 经济增长速度过快、结构偏重、方式和技术落后等环境问题症结正在逐步得以扭转。生态环境议题正从国家议程和社会舆论边缘走进议程中心和舆论焦点，由此可能带来的不仅是经济、技术层面的问题，更是经济增长与政治权利、权利需求与政治供给冲突意义上的经济政治关系调整问题。因此，有许多经验教训值得我们总结反思。

一 生态公共产品范畴随国家总体发展进程发展变化

我国早期并没有一种清晰的生态公共产品或生态产品概念，这种概念是随着国家从农业国向工业国转变、工业化加速、经济社会发展及相应矛盾问题的积累和探索解决方案的进程而提出的。其中一个主要的因素是生产力、生产方式的发展要求和所能提供的条件支撑。在工业化水平不高、生产力不发达的时代背景下，为了生存需要和积累必要生活资料、生产资料而采取简单粗放地扩大资源、劳动等生产要素投入的形式开发自然甚至最终毁坏自然。此时大规模农产品、工业品的需求与满足是首要驱动力，在此需求的刺激驱动下，很难把注意力放到实现工业化与自然环境要素的物质循环上，或者说放到保持生产方式与生产条件的平衡关系上。但当低水平工业化生产方式受自然环境要素制约形成所谓明显的瓶颈效应，而且在已经具备一定的生活资料、生产资料积累水平，农产品、工业品的需求基本得到满足的时候，对于生态产品的需求与满足就成为新动力，生态产品供给或更高意义上说生态文明建设就成为突出短板。抓紧从工业化与自然环境要素的良性循环、生产方式与生产条件的平衡关系、满足人们需求层次提升的高度和角度出发，进行生

---

① 曲格平：《曲之求索：中国环境保护方略》，中国环境科学出版社2010年版，Ⅶ。

产方式的提升突破就成为一种必然形势和趋势。生态产品与生态文明建设改革就是恢复或促进这种良性循环和平衡关系、满足人们需求层次提升的基本资料、重大手段。

二 生态公共产品对多情境多层次下的需求者和供给者意义不同

生态公共产品范畴作为一种社会主观概念，随着不同时期社会生产力和生产方式、社会生活条件和社会关系的发展变化而不断变化。从总体上说，其功能可以从国家安全、经济生产、人民生活、社会管理、未来储备等不同角度形成不同分类，在外延对象上可以形成生态资源、生态设施、生态服务、生态政策、生态文化、生态保护与安全、生态权益甚至公民权利等不同产品种类；其形式可以是功能区、公园、遗迹遗产、观光休憩、康养、规则标准、信息服务、环境参与等不同形式；载体可以是森林、水体、大气、土壤、矿藏、城市、乡村、公益活动项目等不同介质要素；基本手段可以是科技、工程、市场、管理、法制、经济、政治、文化等。其提供主体在宏观、政治意义上虽然是政府，但在中观组织、供给安排层面上可以是政府、可以是社会团体、可以是委托授权的经济组织，在具体制造加工、生产层面上，则一般安排专门经济组织或相应机构负责。由此可以形成一个庞大综合的生态产品矩阵或目录。

这些不同种类、有形或无形的生态产品无论对提供者还是需求者，都可以产生某种利益或效用，但对不同情境、不同层次上的供给者和需求者意义会有所不同，在多情境、多层次下的供给者、需求者之间并非对称。这就意味着生态公共产品供给者、需求者的身份是多重嵌套的。政府、企业、社会团体、人民群众等都有可能在特定情境下既是某种层次生产公共产品的提供者，又是其他层次生态公共产品的需求者；或者说有可能是具体层次范围生态产品的需求者，同是又是更大层次范围上的生态环境的破坏者（反过来说就是该层次生态产品的提供者）。比如，群众要求政府提供对企业的限制性生态政策，企业则要求有助于减少运营成本、提高利润率的发展性生态政策；企业是生态设施的需求者，同是又是生态环境或严格生态政策的破坏者，等等。

而且在许多情况下，无论需求者还是供给者，并不单纯是经济意义上的行为体，而是政治行动者、社会活动家，往往涉入社会制约、政治层面诉求。这些社会制约、政治层面诉求往往推高会行动成本和延长时间跨度，当然也会产生各种风险。因此，对于环境问题的解决方式或生态公共产品供给与需求问题，不能局限于单一经济或技术角度来进行理解。

三 生态公共产品供给的国家性和需求的社会化之间的矛盾

不同历史时期有不同生态公共产品主题。生态公共产品主题快速社会化带来了新挑战。20世纪七八十年代生态公共产品的主题围绕国家建设和开发驯化自然生态资源进行，但也同时意识到环境管理建设的重要性并启动环境规划、构建管理体系。比如启动防护林建设、"三废"治理等国家大型生态工程提供生态产品。其重点在于维护整体安全和理顺政治关系。20世纪90年代到21世纪初，生态公共产品主题在前一阶段基础上向生态基础设施、生态系统维护转向。但该时期随着革开放、市场化和工业化进程加快，国家对自然生态资源的开发能力和开发速度前所未有。在竞争性的GDP增长锦标赛氛围和以GDP增长为导向的行政管理和考核体制、财税体制下，生态环境保护工作实际上从属于国家经济建设和经济增长需要。可以说，之前的生态公共产品主题，更多的是从国家层面进行有序控制和调整的，是带有计划性的国家供给与需求。但自新世纪以来特别是进入新世纪第二个十年以来，经济危机、环境危机、社会矛盾等多重挑战并发，经济政治关系、生产消费关系、社会自然关系都面临深刻调整。当前的生态公共产品主题，在原来计划性的国家供给与需求基础上，更多凸显的是市场性、社会性的供给与需求。随着国家治理改革进程的深化，生态公共产品主题正围绕生态文明发展战略和经济建设、政治建设、文化建设、社会建设、生态文明建设"五位一体"总体布局，进行持续深入的生态文明体制改革和政策创新。①

在信息科技支撑下,由于社会意识、社会交往的不断活跃和社会成长,国家与社会、政府与群众交往互动、合作治理的快速增加,人们对生态产品与服务的需求出现类别愈加细分、个性化诉求愈加清晰强烈、质量要求愈加提升、过程体验愈加深化的趋势。其重点将向社会需求、市场需求转移,向基层群众特别是弱势人群需求转移,人们对生态公共产品的需求正被快速释放出来,与以往对生态公共产品供给与需求的计划性、有序控制调整的国家性相比,因社会快速成长而凸显的社会需求和市场需求的多元化、灵活性,将对传统固化、计划性的生态公共产品国家供给模式提出更大挑战。环境质量方面发生的群众感受和监测数据"两张皮"现象可以说是这一挑战的一个明显例证。② 它所凸显的不仅是客观的环境问题、生态公共产品服务问题,更包含对于生态环境权益、社会存在意识进而伦理正当性、政治合法性思考的快速成长与理性成熟问题。

简言之,生态公共产品提供中的矛盾变化,不仅涉及总体数量上的问题,更涉及质量和结构上的问题;不仅是紧迫的现实问题,更是一个长远的历史问题、发展问题。

---

① 蔺雪春:《生态公共产品问题的历史分析与现实思考》,《鄱阳湖学刊》2018年第6期。

② 原环境保护部部长周生贤曾在2011年全国环保系统对口援疆工作会议上指出,坚持以人为本,改善环境质量,是我们一切工作的出发点和落脚点。必须把人民群众对环境的切身感受和监测数据统一起来。环境质量好不好,群众说了算;群众信任从哪里来,科学数据是关键。要避免出现"两张皮",人民群众深受污染之害、苦不堪言,而监测数据喜气洋洋、自说自话。投入大量人力、物力、财力而环境质量没有改善,不仅会造成无法挽回的经济损失,也将辜负党中央的谆谆重托和人民群众的热切期盼。参见周生贤、武卫政《监测数据和群众感受不能"两张皮"》,《人民日报》2011年8月9日第11版。

第二章　生态公共产品需求的现实判断

政府、企业、基层社区公众等对生态公共产品的需求重点不同，类别层次有异，指向内容很具体。要从政府、企业、公众等多维角度进行分析，一是了解不同社会主体对生态公共产品概念的认识理解情况。二是厘清生态公共产品的需求特点、内容类别、形成规律和发展趋势等，感知生态公共产品研究的现实性紧迫性，进一步发展需要什么样的生态文明改革创新及其实施难点，使政府提供完善制度更有针对性。

第一节　生态公共产品的需求结构

现实来看，特别是在生态文明建设阶段，主要是哪些主体对生态公共产品有重大需求？重点需要什么样的生态公共产品？与此相关，为实现这些需求的技术条件又有哪些？就是说，要把这些需求的技术构成一并加以分析。

一　主体结构

按照马克思社会总资本、社会总产品再生产理论，可以把产品部门划分为两大部门：生产资料部类和消费资料部类。因此在生态公共产品需求结构中，可以首先划分出企业和劳动者家庭两大主体。同时还要注意以下两点：一是社会总产品中将有一部分"重新用做生产资料","这一部分依旧是社会的"①。二是除经济基础外还有一个与之相适应的上层建筑。就是说,在当前治理环境下,政府需求、进一步的国家需求或国际关系需求在整个需求结构中的重要性都不能忽视。因此,在这里我们重点研究由此形成的四大类需求:企业再生产的需求、劳动者即居民消费的需求、政府履行职能的需求、国家间政治经济与环境外交即国际关系的需求。

(一) 企业需求

企业是当前经济运行中组织生产的主要机制,生产则是一种以社会化集体形式对自然的占有和物质变换过程。企业对生态公共产品的需求既包括投资需求,更包括生产消费需求。但总体上满足的是其生产功能。国家生态资源、生态设施、生态政策、生态保护行动计划、生态环境权利义务等的安排对企业投资积极性、利润大小、生产经营持续性甚至新型生产经营领域发展等有着直接影响。

(二) 居民需求

居民需求主要是生态资源、设施、服务需求和生态环境权益需求,总体上满足的是消费功能。居民消费需求的实现,受其消费能力的制约,但这种消费能力不仅仅限于经济收入和经济地位的大小、高低,而是在此基础上进一步受到能否培育形成生态消费力的制约,生态意识、知识和责任感则是其重要评判因素。

(三) 政府需求

政府需求主要是政府用于履行生态环境管理职能的需求,总体上实现的是生态安全、生态储备、生态管理的功能需要。随着环境资源对国家经济社会发展可持续性、再生产作用的日益凸显,政府能否科学合理地调整好生态资源配置、维护好生态环境安全,既关系到经济增长点、支撑点,又关系到社会稳定和政治认同。

(四) 国际关系需求

该需求也可以说是政府需求的一个重要方面,但它主要是针对国

---

① 《马克思恩格斯文集》第5卷,人民出版社2009年版,第96页。

际环境外交与全球环境治理而言。当前，在全球环境危机特别是气候危机状态下，国家在全球环境治理、气候政治中的立场、诉求、贡献、能力或实力等关涉到其国际形象、谈判力、竞争力，关涉到能否形成良好的国际发展环境，反过来也影响国内政治经济发展。

二 产品结构

根据马克思的财富观点，产品作为使用价值即物质财富有两个来源：自然界和劳动。因此，从自然和劳动生产角度看，生态公共产品首先存在自然产品和劳动产品两大类别。当然，同样值得我们注意的是，自从有人类活动以来，特别是进入工业文明时代以来，动物和植物等自然产物"实际上它们不仅可能是上年度劳动的产品，而且它们现在的形式也是经过许多世代、在人的控制下、通过人的劳动不断发生变化的产物"[①]。在这个基础上，我们来概括物质形式的生态公共产品结构。

（一）自然的生态资源类产品

习近平总书记经常提到的"山、水、林、田、湖、草"，可以说是我们对自然的生态资源类产品需求的一种典型概括。它们本身就是自然已经生产出来的一种直接可用的有使用价值的物品、产物，同时又是我们可以进一步加工的生态原料或劳动的生态对象。特别是在人为活动影响生命健康存在的自然生态条件、从而对之产生更高和更新需求的情况下，甚至不付诸各种交换方式、交换中介就不能有效获得的情况下，生态资源的重要性、稀缺性都会以更高的程度显现出来。这种重要性、稀缺性就有可能成为影响价值、交换价值的要素。我们当下所经常讨论的空气、水、土壤污染等问题，以及与此相应的"让老百姓呼吸上新鲜的空气、喝上干净的水、吃上放心的食物、生活在宜居的环境中、切实感受到经济发展带来的实实在在的环境效益"[②]

---

① 《马克思恩格斯文集》第5卷，人民出版社2009年版，第212页。
② 《习近平谈治国理政》第二卷，外文出版社2017年版，第210页。

等生态文明诉求，可以说是这种自然生态资源重要性、稀缺性的一种现实显现。在一定程度上，也是恩格斯所说的"我们不要过分陶醉于我们人类对自然界的胜利"。①

（二）人工的生态设施类产品

各种人为规划设计和建设的生态公园、生态廊道、防护林等生态工程，以及各种专门的治污设施、环卫设施等，可以说是人工生态设施类产品的典型表现。与生态资源相比，这些设施可以在熟悉利用生态环境规律基础上对之进一步进行加工或施加影响，延展或深化生态资源的人工创造水平。也可以对各类生产生活主体的废弃物进行回收，减轻其对自然环境和人类健康的直接影响。当然在长久的历史过程中，从人创造环境的角度来说，部分生态设施也可以在未来世代转变成具有自然性质的生态资源类产品。

（三）社会的生态制度类产品

基于各种生态环保政策、行动计划、环境法律法规，人们的生态文化意识教育，以及相应政策制度计划形成的生态服务事项等，可以说是以政府等公共部门为主体构建的生态制度类产品的典型表现。与前述类型相比，前两者更具物质属性，而生态制度类产品更具有人文属性、意识形态属性，更多体现着社会的政治意义、文化意义，体现出人类对自然的态度、智慧或者说社会的生态文明程度。

三 技术结构

根据马克思对劳动过程的分析，"劳动过程的简单要素是：有目的的活动或劳动本身，劳动对象和劳动资料"②。从结果的角度看，即"从产品的角度加以考察，那么，劳动资料和劳动对象二者表现为生产资料，劳动本身则表现为生产劳动"③，因此劳动过程离不开对

---

① 《马克思恩格斯选集》第3卷，人民出版社2012年版，第998页。
② 《马克思恩格斯文集》第5卷，人民出版社2009年版，第208页。
③ 《马克思恩格斯文集》第5卷，人民出版社2009年版，第211页。

于劳动力的使用和生产资料。从生产方式来看，劳动生产力的提高"必须变革劳动过程的技术条件和社会条件，从而变革生产方式本身"①。从当前仍旧以资本主导的生产方式，进而从资本的构成角度来看，"从在生产过程中发挥作用的物质方面来看，每一个资本都分为生产资料和活的劳动力"，资本构成"是由所使用的生产资料量和为使用这些生产资料而必需的劳动量之间的比例来决定的"②。因此综合判断，人们对生态公共产品的需求作为生产过程的动力和结果，除必须考虑自然生产层面的限制以外，还要注意考虑人类生产层面的技术和社会条件、方式手段等问题，分析其技术构成。总的来说，就是要考虑与生态直接相关的自然资本和劳动使用问题。

（一）自然资本

自然资本在当代最直接的体现虽然仍是生态金融、绿色货币等形式，但它与传统、主流的生产资本、商业资本、货币资本等产业资本形态不同。这些产业资本的逻辑和完成形式是货币的增殖与货币自身，而自然资本的逻辑目标和完成形式则指向生态环境的发展改善与生态环境系统本身。在此基础上，要进一步考虑自然资本在生产、流通、分配、消费等当前生产关系或社会关系下的形态变化，以及不同阶段的应用需求问题。

（二）劳动投入

自然界"现在的形式"已是"经过许多世代、在人的控制下、通过人的劳动不断发生变化的产物"③，是人类世代实践活动的自然界。但生产方式变迁的历史说明，不同所有制和目的要求下的劳动方式，对自然界的影响程度却有很大的不同，并将导致极为不同的私人劳动与社会劳动关系或外部后果。作为一种结果的生态公共产品，要求具备与之相适应的基于生态系统要素或生态系统维度的劳动投入。

---

① 《马克思恩格斯文集》第5卷，人民出版社2009年版，第366页。
② 《马克思恩格斯文集》第5卷，人民出版社2009年版，第707页。
③ 《马克思恩格斯文集》第5卷，人民出版社2009年版，第212页。

而要达到上述目的或条件，又需要在科技手段、经济手段、行政手段、法律手段等技术和社会规定性上做出相应变革。

第二节 生态公共产品的需求特点

一 层次差异性

生态公共产品需求在不同领域层次主体间具有一定的差异性。一是不同类型企业主体的需求有差异。在社会主义市场经济中，国有企业服务于国家政治经济和环境发展等公共目标，需求稳定性比较强，需求调控复杂性小。民营企业或私有企业受投资盈利目的约束，需求的波动性比较大，调控的复杂性高。二是高收入群体与低收入群体的消费差别。高收入群体对生态公共产品的需求和消费能力明显高于低收入群体。他们在生态环境问题的表达能力、辨别能力、责任意识、消费实现条件和环境素质等方面，明显高于低收入群体。三是中央与地方、基层政府对生态公共产品的需求差别。与地方和基层相比，中央政府对生态公共产品的需求表达、责任意识等明显更高更强。地方和基层政府则一般把经济项目、GDP增长放在首位，在生态建设、环境治理等方面与中央政府存在不同程度的博弈现象。四是国内国际差别。就是说，处于不同历史境域的国家对全球环境治理的看法有所不同，各国对于全球环境问题的自我认知和外部认知存在巨大差距。

二 时空差异性

生态公共产品需求在不同时代、时间和地域空间具有差异性。一是不同历史时代有很大差异。在国家建设与国家发展的不同历史阶段，求温饱与求富强、求生存与求发展、求数量与求质量的目标重点不同。从"站起来"到"富起来"再到"强起来"的历史演化，不同层次主体对生态公共产品的作用、地位的认识理解，以及生态环境建设主题本身都在发生重大变化。二是不同时间有很大变化。可以说，这部分是由季节性的自然条件和人本身的自然属性所决定的；部分是由人们在一定的经济社会条件下决定如何对待自身、对待自然所决定的。三是地域空间的差异性。生活生产于不同地理区域的需求主体，出于对地理环境的适应性和再生产自身的需要，在生态公共产品的需求表达上呈现一定集中性的地理分布特点。

三 系统有机性

生态公共产品体系是一个大的复合系统，不论就自然界的生态系统本身，还是自然与社会之间的相互作用相互联系而言。客观自然界的生态系统，由不同层次、不同群落组成，相互之间存在直接或长期影响。人类社会本身从其客观意义上说，也是自然的一部分，"我们连同我们的肉、血和头脑都是属于自然界和存在于自然界之中的"[①]。社会与自然之间的相互作用，"所谓人的肉体生活和精神生活同自然界相联系，不外是说自然界同自身相联系，因为人是自然界的一部分"[②]。而社会体系意义上的生态公共产品之间，无论生态政策、生态权益还是生态文化等，尽管在具体细分上有特征差异，但相互之间也存在着有机关联或者说一定的不可分割性，只有相互辅助才能产生更大效应或效用。

四 需求溢出性

生态公共产品需求无论就其层次而言，还是就其表达而言，都不是固定的。一种层次或一种类型的生态产品需求得以实现，就会引发更多更高层次、更高品质的产品需求。一种私有态的产品需求遇到一定障碍、发展到一定程度，就会聚集到共有态、公共态的产品需求。一个时空区域内的生态公共产品需求得以实现，就会引发其他时空区域内、其他特色品质的产品需求。当需求主体具备了一定的生态消费能力，或者进一步说高品质生态产品需求旺盛，具备了更高的生态素

[①]《马克思恩格斯选集》第3卷，人民出版社2012年版，第998页。
[②]《马克思恩格斯文集》第1卷，人民出版社2009年版，第161页。

质、生态意识,但供给能力较弱时,则会导致这种高层次高品质高意识需求转向其他供给能力较强、层次较高、形态更丰富的地区、国家或领域范围。经济收入、社会地位较高人群对生态宜居地的选择,或者说"用脚投票"问题,以及经济发展到一定富裕水平后公众对公共环境问题的普遍关注,就在一定程度上反映了生态公共产品的需求溢出特点。

五 经济社会关联性

生态公共产品需求不仅限于生态资源与设施本身,更重要的还有经济、社会甚至政治层面的内容和意义。生态公共产品不仅因其自然特性或实物属性而具有使用价值,而且由于其与人类世代劳动的特殊关联属性,还可以形成特定的价值,反映社会内部关系、反映其社会性质。从世界情况看,最近四十年来全球环境治理、全球环境政治议题领域的形成和发展,特别是20世纪90年代全球气候政治领域的形成和发展,国际贸易和经济全球化中环境壁垒问题的强化,凸显了生态公共产品问题的经济社会关联性。从我国情况看,特别是自2011年以来,全社会对生态环境问题、对政府生态公共产品与公共服务供给问题,对自身环境权益表达、环境政策议程等问题的关注度都有很大变化。从某种程度上说,也推动了生态文明建设及其融入经济建设、社会建设、文化建设和政治建设的进程。

第三节 生态公共产品需求的形成规律和发展态势

生态公共产品需求的形成和发展具有历史性——现实的历史性、矛盾的历史性。"全部人类历史的第一个前提无疑是有生命的个人的存在。因此,第一个需要确认的事实就是这些个人的肉体组织以及由此产生的个人对其他自然的关系。……任何历史记载都应当从这些自然基础以及它们在历史进程中由于人们的活动而发生的变更出发。"①因此"历史本身是自然史的一个现实部分，即自然界生成为人这一过程的一个现实部分"，是"使'人作为人'的需要成为需要而作准备的历史（发展的历史）"②。这一过程也即人从自然存在物转变成社会存在物的现实过程、发展过程；这一现实也即"自然界的社会的现实"③。我们对这一过程、这一现实的认识或意识"必须从物质生活的矛盾中，从社会生产力和生产关系之间的现存冲突中去解释"④，进而把关注"人对自然界的关系"问题重新拉回到历史中。⑤人以社会的形式同自然发生关系，并力图使自然界按人的方式同人发生关系。但在不同的历史时代，这种社会形式或者说人的方式随着他们所面临的自然基础上的生产方式的变化而变化。由此观之，生态公共产品需求的社会形式处于一种持续相继和更替的、矛盾运动之中。当下生态公共产品需求的形成和发展所呈现的，正是自然运动规律的社会形态。

一 社会化：从自然需要到社会需求

需要是人的自然本性，对自然及其物质的需要是第一需要。如果说"我们首先应当确定一切人类生存的第一个前提，也就是一切历史的第一个前提，这个前提是：人们为了能够'创造历史'，必须能够生活。但是为了生活，首先就需要吃喝住穿以及其他一些东西。因此第一个历史活动就是生产满足这些需要的资料，即生产物质生活本身，而且，这是人们从几千年前直到今天单是为了维持生活就必须每日每时从事的历史活动，是一切历史的基本条件。"⑥那么或可认为，

---

① 《马克思恩格斯文集》第1卷，人民出版社2009年版，第519页。
② 《马克思恩格斯文集》第1卷，人民出版社2009年版，第194页。
③ 《马克思恩格斯文集》第1卷，人民出版社2009年版，第194页。
④ 《马克思恩格斯文集》第2卷，人民出版社2009年版，第592页。
⑤ 《马克思恩格斯文集》第1卷，人民出版社2009年版，第545页。
⑥ 《马克思恩格斯文集》第1卷，人民出版社2009年版，第531页。

对生态产品的需要就是自然需要、第一需要。而需求则主要指第一需要基础上的新需要，体现为社会性质、社会内容的更高的需要、扩大的需要，即社会需要，主要因为，"一切生产都是个人在一定社会形式中并借这种社会形式而进行的对自然的占有"①，"总是指在一定社会发展阶段上的生产——社会个人的生产。"② 就是说，人类从自然界中不断生产物质生活的基本方式，是以社会的形式进行的，人与动物的区别就在于它是以社会生产劳动的方式来满足需要。在自然到人的物质变换过程中，对生态产品这种自然关系下的第一需要、自然需要，不断经过人与自然关系、进而社会关系的过滤，变成了不经特定经济社会条件和社会发展阶段就较难实现甚至很难实现的社会需要、社会需求。比方说，贫困群体"这种人的'需求'，甚至低于他们的身体需要的最低限度"③。对于匮乏生产资料、必要生活资料的工人来说，"甚至对新鲜空气的需要也不再成其为需要了"④。

二 货币化：从无效需求到有效需求

不是说自然需要变换成社会需求，就一定可以在社会范围内得以实现，只能说它具有了实现的可能性，而不是现实性。从形式上看，还因面临的实现条件不同，存在着无效需求和有效需求的重大差别。比如，"市场上出现的对商品的需要，即需求，和实际的社会需要之间存在着数量上的差别，这种差别的界限，对不同的商品说来当然是极不相同的"⑤。"一方面是所要求的商品量；另一方面是商品的货币价格发生变化时可能要求的商品量，或者，买者的货币条件或生活条件发生变化时可能要求的商品量。"⑥ 进一步说，"没有货币的人也有

---

① 《马克思恩格斯文集》第 8 卷，人民出版社 2009 年版，第 11 页。
② 《马克思恩格斯文集》第 8 卷，人民出版社 2009 年版，第 6—9 页。
③ 《马克思恩格斯选集》第 2 卷，人民出版社 2012 年版，第 487—488 页。
④ 《马克思恩格斯文集》第 1 卷，人民出版社 2009 年版，第 225 页。
⑤ 《马克思恩格斯选集》第 2 卷，人民出版社 2012 年版，第 488 页。
⑥ 《马克思恩格斯选集》第 2 卷，人民出版社 2012 年版，第 488 页。

需求，但他的需求是纯粹观念的东西，它对我、对第三者、对其他人是不起任何作用的，是不存在的，……依然是非现实的，无对象的。以货币为基础的有效需求和以我的需要、我的激情、我的愿望等为基础的无效需求之间的差别，是存在和思维之间的差别"①。因此，由于缺乏特定的实现条件，生态产品需求也就仅可能是停留于需要、激情、愿望层面的无效需求，而无法变成真实存在、转换成实际结果的有效需求。当然，这种实现条件或界限并不限于货币条件，也无论这种产品是公共态的、共有态的还是市场态的。主要因为，"现在的社会"仍然不是一个"坚实的结晶体，而是一个能够变化且经常处于变化过程中的有机体"②，这些条件、状态是随着社会有机体的变化而不断变化的，它们取决于"社会生产有机体本身的特殊方式"和"生产者的相应的历史发展程度"③。

三 商品化：从产品到商品

从一般意义上理解生态产品首先是自然物品，比如光、空气、野生森林、天然草地等，是对人有用或有特定使用价值即"表示物和人之间的自然关系"④、具有物质属性的自然物品。但当我们承认人类与自然的实在性、共在性，"即人对人来说作为自然界的存在以及自然界对人来说作为人的存在，已经成为实际的、可以通过感觉直观的"时候，⑤ 这些自然物品实际上经过劳动中介或人类世代劳动的影响，已经成为人类劳动产品。而当这些自然物品作为纳入人类视野的劳动产品，一方面是"为别人生产使用价值，即生产社会的使用价值"⑥，其生产所耗费或影响其质量、数量的人类劳动的等同性，取

---

① 《马克思恩格斯文集》第1卷，人民出版社2009年版，第246页。
② 《马克思恩格斯文集》第5卷，人民出版社2009年版，第10—13页。
③ 《马克思恩格斯文集》第5卷，人民出版社2009年版，第96页。
④ 《马克思恩格斯全集》第26卷第3册，人民出版社1974年版，第326页。
⑤ 《马克思恩格斯文集》第1卷，人民出版社2009年版，第196页。
⑥ 《马克思恩格斯文集》第5卷，人民出版社2009年版，第54页。

得了该"劳动产品的等同的价值对象性这种物的形式",计量人类劳动力耗费的劳动时间取得了该"劳动产品的价值量的形式",从事该劳动的社会规定或生产者关系取得了该"劳动产品的社会关系的形式";① 另一方面,不经一定的交换方式、交换条件,"不通过交换的中介就不能得到"或具有一定稀有性的时候,② 生态产品就从人类劳动产品转化成了一种商品产品、一种商品。

四 精致化：从必要到剩余

从人的自然性和社会性关系的角度看,人的自然需要本身反映的是生存的需要,社会需要更多反映的是发展享受的需要。生存的需要是必要的需要,发展享受的需要更多是必要基础上的扩大的、剩余的需要。在人的需求发展的阶梯上,人对生态产品的需求从必要型的生存资料向剩余型、品质型的发展享受资料提升。当然,在物质生活的矛盾、社会生产力和生产关系的现存冲突仍然比较明显的情况下,通过牺牲一部分人的利益满足另一部分人的利益这样一种总体上仍不发达的生产方式占主导地位的情况下,"一方面出现的需要的精致化和满足需要的资料的精致化,却在另一方面造成需要的牲畜般的野蛮化和彻底的、粗陋的、抽象的简单化,或者毋宁说这种精致化只是再生出相反意义上的自身"③。对包含生态产品在内的经济剩余价值的竞争及其生产资料的控制,对必要价值的过度压制,会导致劳动生产者"甚至对新鲜空气的需要也不再成其为需要了。……光、空气等等,甚至动物的最简单的爱清洁习性,都不再是人的需要了,……人不仅没有了人的需要,他甚至连动物的需要也不再有了"这样的极端现象。④ 就是说,在其他不公正现象的基础上,出现环境不公的现象。

---

① 《马克思恩格斯文集》第5卷,人民出版社2009年版,第89页。
② 《马克思恩格斯全集》第30卷,人民出版社1995年版,第127页。
③ 《马克思恩格斯文集》第1卷,人民出版社2009年版,第225页。
④ 《马克思恩格斯文集》第1卷,人民出版社2009年版,第225页。

五　全球化：从一国到世界

受地理环境和人类社会政治制约，环境不公现象首先在一国或一区域内集中出现。但随着资本的全球扩张和世界市场的构建，"一切国家的生产和消费都成为世界性的了"①，资本迫使一切民族采用资产者的生活方式，要"按照自己的面貌为自己创造出一个世界"②，就是说，"任何事务都要在资本面前为自己的存在作辩护或者放弃自己存在的权利"③，环境问题亦随之在全球蔓延开来。主要者有：一是一国的环境污染、环境问题被输出转移到国外；二是极端气候事件等全球共同面临的环境危机问题日益明显；三是环境霸权、强权对全球环境问题治理持续产生不良影响。由此，人们对生态产品或生态公共产品的需求，不仅局限于民族国家范围内，更包括对国际、对全球性的良好环境外交关系和环境治理体系的需求。

综上，当下生态产品形式的奥秘就在于：生态产品所反映的物和人之间的自然关系，受到一定社会发展阶段约束下人类劳动的社会性质即人与人之间的社会关系的过滤和影响，具有了社会形式的规定性，成为"社会劳动的化身"④。因此，生态产品的使用和形态变化，不仅取决于其自然性质，更越来越多地取决于生产者、消费者所处的社会条件，而到目前为止"这种社会条件本身又建立在阶级对抗上"的实质并没有被完全超越。⑤诚如马克思指出："当文明一开始的时候，生产就开始建立在级别、等级和阶级的对抗上，最后建立在积累的劳动和直接的劳动的对抗上。没有对抗就没有进步。这是文明直到今天所遵循的规律。到目前为止，生产力就是由于这种阶级对抗的规

---

① 《马克思恩格斯文集》第 2 卷，人民出版社 2009 年版，第 35 页。
② 《马克思恩格斯文集》第 2 卷，人民出版社 2009 年版，第 36 页。
③ 白刚：《回到〈资本论〉：21 世纪的"政治经济学批判"》，人民出版社 2018 年版，第 21 页。
④ 《马克思恩格斯全集》第 26 卷第 3 册，人民出版社 1974 年版，第 198 页。
⑤ 《马克思恩格斯全集》第 4 卷，人民出版社 1958 年版，第 104 页。

律而发展起来的。如果硬说由于所有劳动者的一切需要都已满足,所以人们才能创造更高级的产品和从事更复杂的生产,那就是撇开阶级对抗,颠倒整个历史的发展过程。"[1] 在私有制的、资本主导生产方式的历史时代,马克思的判断仍旧具有很强的解释力,即这样一个时代中,"多余的东西要比必需的东西更容易生产。"[2] 而"在没有阶级对抗和没有阶级的未来社会中,用途大小就不会再由生产所必要的时间的最低额来确定,相反地,花费在某种物品生产上的时间将由这种物品的社会效用大小来确定。"[3] 当然,从社会发展实践来看,公有制下的社会条件和生产方式与私有制下的社会条件和生产方式的确有很大不同,但由于它是从私有制社会脱胎而来,阶层差异和矛盾仍难以避免地不同程度上存在,甚至有可能在一定范围内集中显化。可以说,这种差异性、矛盾性甚至有可能是对抗性的社会条件、生产方式,使得人们对生态公共产品的现实需求不可能是一个"坚实的结晶体",而是一个不断变化的多面体。

第四节 我们需要什么样的生态文明改革创新

生态公共产品是探讨人与自然关系、社会生产力与生产关系之间现存冲突的重要结合点、立足点,也是两者关系极为重要的平衡点。生态公共产品需求结构的多维性、需求特点的多面性、形成发展的变化性,以及它对经济社会政治的关联性、基础性,使之在当下甚至未来生态文明建设与改革中具有重要针对意义,或者说目标靶向意义。但是,也正是这些特性,使得我们在具体分析生态公共产品需求问题时面临着很大困难,生态文明改革创新的推进落实面临着许多障碍。

---

[1] 《马克思恩格斯全集》第4卷,人民出版社1958年版,第104页。
[2] 《马克思恩格斯全集》第4卷,人民出版社1958年版,第104页。
[3] 《马克思恩格斯全集》第4卷,人民出版社1958年版,第105页。

一 生态公共产品需求统计分析面临困难

（一）生态公共产品数量需求的测量统计难度较大

虽然在社会和政治意义上可以放大生态公共产品需求的紧迫性、重要性，但从客观、科学层面上测量统计社会生活生产对生态公共产品的需求量，是有很大难度的。除日常具体的环境污染或环境质量指标外，当前生态会计统计或测量的主流方式包括：生态资源的实物存量、价值变化，环境 GDP，环境成本、环境投资，碳汇，生态足迹，以及所谓生态财富等。但我们很难用目前的生态设施效能、生态效率状况、生态旅游产品数量、环境污染和生态破坏情况，以及环境管理标准、全球环境治理博弈等来准确表达生态公共产品需求量。这个需求量会随着经济社会发展、时空变化、生态系统本身的变化而不断变化。

（二）生态公共产品质量要求的标准难以统一

随着生产生活水平的提高，人们对生态公共产品的质量要求也在提高。但它也因历史境域的不同而呈现出多层次性。尽管各地区，以及农业、环境、住建等环境相关职能部门都对此进行了多种多样的探索，出台了很多诸如美丽乡村、环境优美小镇、生态文明建设示范等标准，但必须注意的是，我们目前仍然缺乏一种公认的评价生态公共产品公共服务品质的标准。现有的生态文明指数测量范围较宽、较宏观，可以在制度效果层面上起到一定的导向、指导作用，但对具体的执行实施部门和地方、基层来说，其适用性仍有待探讨。而各部门出台的标准，则往往局限于职能领域，存在碎片化或行政层面的局限性。

总的来说，当前人们对生态公共产品重要性的评价虽然很高，但这种重要性更多的是在政治意识、安全意识、社会文化意义和国际关系层面上的表达。而且其中商品化、货币化的需求表达形式既不清晰，也主要限于政府需求、企业需求、高阶层群体等重点和局部领域，难以覆盖和反映其普遍的真实需要状态。

二 生态文明的理论和实践出现泛化虚化问题

（一）理论与实践的泛化

虽然生态文明研究可以从不同角度进行，而且生态文明本身是一个综合问题，但它作为一种范式或研究对象而言，应当明确化。然而目前的生态文明研究无所不包，生态文明制度和政策实践体系范围较宽，缺乏一个明确的针对点。尤其与经济学、政治学等相比，缺乏明确的研究问题、扎实的理论解释体系，一般将它归于单纯的环境科学或环境领域，则又很难将两者画等号。生态文明作为一种文明概念范畴，一种总的实践结果，明显大于环境科学。

（二）理论与实践的虚化

对生态文明建设问题，作为一种制度和政策创新过程，强调较高的政治站位无疑是正确和必要的。但仍然存在许多地方和部门片面分割环境与经济、环境与发展，以生态为名、争上"短、平、快"的地产项目和工业项目等问题。一方面，在环境建设的政绩竞赛中，生态环境建设被名义上高端化而实际上容易变成形象工程。另一方面，在经济硬实力的竞争中，生态环境保护容易被各种规划调整和项目开发过程遮蔽，环境保护规划抵不住"灵活"的经济社会发展规划调整和地方政策变通，控制性规划往往失去"控制"力。

由上观之，存在地方部门以经济为实、以环境为虚从而在一定程度上导致生态文明建设虚化的可能性，也存在生态文明建设无所不包、抓不住重点线索从而在一定程度上导致生态文明建设泛化的可能性；这些问题使得生态文明的理论诉求与现实情况出现较大反差，有效的生态公共产品需求由于供给匹配性不足而无效化。

三 务实的生态公共产品供需管理改革是生态文明改革创新重点

完善社会主义市场经济体制，发挥市场对资源配置的决定作用和更好发挥政府作用，是当前深化改革的重要内容。而人与自然间的物质变换循环，进而生态公共产品在市场态、共有态、公共态之间的形态变化流转，则是自然规律在当前具体条件下作用、应用的重要体现。当前，生态文明改革创新要立足市场经济环境，在平衡理顺生态公共产品的真实需要和社会需求、有效需求和无效需求、产品使用价值与商品价值开发、必要生存底线的积累提升和剩余价值空间拓展、自身需要和国际责任之间关系的基础上，把协同推进生态公共产品供需管理改革作为落实生态文明发展战略的一个重点。

一方面，要系统性厘清不同主体对优美生态环境需要的实际内容、层次结构、主要特点、质量标准和数量区间，构建生态公共产品谱系和数据库。重要的是，通过人口规模、城市化水平、经济增长速度和全球环境治理指标等关联需求数据，给出生态公共产品需求的总量区间及分层结构算法，以及不同因素条件下的评估模型。

另一方面，要搞清楚市场条件下这种优美生态环境需要的实现过程、实现条件。因为市场经济的运转，"首先要假定：在需求方面有一定量的社会需要，而在供给方面则有不同生产部门的一定量的社会生产与之相适应。"[①] 生态公共产品的市场化运营，进而生态文明建设的市场化支撑，以供给方面的社会生产为必要条件。由此，对生态公共产品生产行业、领域的科学组织和激励，包括数额配置、融资投入、收益分配等，就成为生态文明制度政策改革的重要内容。

[①] 《马克思恩格斯选集》第2卷，人民出版社2012年版，第487页。

中 篇

理论与实践
——怎样才算是好的生态公共产品政府提供机制

第三章　理解生态公共产品的各种理论模型

目前来看，已有很多理论模型对环境问题作为公共产品问题进行分析解释，比如所谓公地悲剧、囚徒博弈困境、集体行动、外部性、产权理论、公共选择等。但无论如何，这些模型主要是或大都是来自西方经济学、公共经济学或政治经济学的概念方法理论，它们已经占据且现在仍然主导着问题分析的话语权。它们提出了分析公共产品或共同利益实现问题的不同角度，这些理论可以依据强调的主体、重心的不同，总体上将其概括为理解公共产品问题的三种思路或范式，一是国家理论范式，二是企业理论范式，三是社会理论范式。按照西方经济学家或政治经济学家的理解，国家理论范式基于国家统治者组织集体活动所能产生的重大收益，主张其决策过程或强制机制的重要性；企业理论范式则认定私营化或民营化的企业制度对资源配置和解决外部问题的重要作用；社会理论范式则强调前两种思路之外的社会选择、社区自治路径。① 这里选择其中较具代表性的三个理论进行探讨。一是公共产品理论或由之进一步演生出的公共选择理论，可视作国家理论范式的典型。二是产权理论或由其进一步演生出的交易成本理论，可以将其作为企业理论范式的典型。三是公共池塘资源自主治理或自主组织理论，又被称为多中心治理理论，属于社会理论范式的典型。

---

① 参见［美］埃莉诺·奥斯特罗姆《公共事物的治理之道：集体行动制度的演进》，余逊达、陈旭东译，上海译文出版社2012年版。

第一节　公共产品理论

公共产品理论以探讨公共财政支出、财政支出的自愿交换为研究起点，提出分析公共产品的供给与需求问题，主张通过政府或政治过程来提供公共产品，强调集体选择机制对公共产品供求的重要性。

1954年，美国经济学家萨缪尔森首次清晰界定了公共产品概念，将公共产品界定为区别于私人物品，具有不可分割性、非竞争性、非排他性等特征的公共消费品；认为用市场方式提供具有这种特征的产品成本高，缺乏规模效率，消费者会基于自身利益给出错误的公共需求信息，分散的价格体系也并不利于形成最优化的公共产品消费水平，因此应当通过政府或政治决策过程提供公共产品。① 但萨缪尔森对公共产品的特征分类主要限于纯公共物品和纯私人物品的区分。1956年蒂鲍特则进一步区分出地方公共产品概念，认为应当通过分权决策或由地方政府提供地方性的公共产品，居民在能够充分流动的情况下将流向那些能够最好满足其公共产品偏好的地区，会"用脚投票"。② 1965年布坎南又提出准公共产品问题，进一步研究何种公共物品需要通过政府与政治过程公共地提供或集体组织供给，实现有效率的集体—政府供给或政治选择的必要条件是什么，并穷二十年时间探讨公共选择方法或"公众投票"解决公共产品供给。③

尽管公共产品理论研究者们大都持政府是承担市场无法供给的各种公共物品的最佳角色这一总的看法，但由于研究路径不同，研究的重点和具体观点也有很大差异。萨缪尔森提出的研究路径是一种从产

---

① 参见 Paul A. Samuelson, "The Pure Theory of Public Expenditure", *The Review of Economics and Statistics*, Vol. 36, No. 4, November 1954, pp. 387–389.
② 参见 Charles M. Tiebout, "A Pure Theory of Local Expenditures", *The Journal of Political Economy*, Vol. 64, No. 5, October 1956, pp. 416–424.
③ [美] 詹姆斯·M. 布坎南：《公共物品的需求与供给》，马珺译，人海人民出版社2017年版。

品特征出发的规范性研究或称为特征路径，主张凡是符合非竞争、非排他等特征的物品都应当由政府公共提供。但布坎南提出的研究路径则是一种更重实证的公共产品实际供给路径，认为共同利益压力、集体行动下的个人行为，特别是政治集团规模与产权结构等都会影响各种准公共物品的组织提供效率，从而强调政治决策规则、财政规则等规则改革对公共物品实际供给的重要性。[1] 尽管政府组织在公共物品供给中可以发挥配置、融资、分配功能，但从理性经济人假设出发，政府作为一种人类群体组织自身的重要模式，作为理性经济人与其他人并没有什么不同，既不更好也不更坏，同样会犯错误，会出现"政府失灵"问题而不能确保资源得到最佳配置，由此需要通过一系列政治民主技术创新和在公共部门体系内部引入自由竞争机制、改革税制约束政府权力等措施来防范政府失灵。[2] 这其中，制定规则尤其是决定制度如何设计的宪政规则起着极为重要的作用。

概括起来，公共产品理论的重点内容是：公共产品需要通过政府或政治来提供，是政治选择或集体选择的过程。这一提供过程当然要首先考虑公共产品的分类属性、层次范围等基本特征，但更要考虑影响其集体选择效率的规则设计、个人行为等实际需求与供给要素，从而防范政府在提供公共物品中失灵。

第二节 产权理论

产权理论以探讨企业作为组织生产要素或资源配置形式的重要作用为起点，提出产权界定或产权制度是市场交易成功运作的必要前提。其中，最有代表性的莫过于学界所称的"科斯定理"。尽管作为现代产权理论主要奠基者和代表人物的科斯本人并未明确用所谓"定

---

[1] 参见［美］詹姆斯·M. 布坎南《公共物品的需求与供给》，马珺译，上海人民出版社2017年版。

[2] 参见丁煌《西方行政学说史》，武汉大学出版社2004年版，第341—349页。

理"的形式进行表述，但以施蒂格勒为代表的学术研究者仍根据科斯20世纪30年代以来对企业、社会成本等问题的研究成果，将其概括为科斯定理，甚至在学界形成了所谓的科斯第一定理、第二定理等各种推论或表述，尽管科斯本人未曾明确承认过这些定理。①

科斯认为通过企业来组织和配置资源，可以在专业化的交换经济中大大减少市场运行成本，因此企业是现代市场经济体制运行所需、除价格机制外可供选择的重要组织方法。② 因为企业家可以通过把大量生产要素所有者组织成一个企业单位参与市场交易，从而有效减少生产者和消费者面临的不确定性，降低交易成本。但关键是，企业家到底有多大权威来架构企业组织进而支配资源，这也暗示着，企业的产权界定或权利界定对交易成本变化、市场运行效率是至关重要的。如果不在资源上建立财产权，随意争夺资源造成的混乱将导致价格机制无法作用。③ 但另一方面，无论资源最初拥有权归属于谁，只要市场交易能够得以实施，资源估价最高者总能因其付费最高而得到资源使用权，就能使稀缺资源得到最优配置或配置到更高价值的用途上。④ 应当说，这是学界所称科斯定理的最初意思表示了。

在此基础上必须注意的是，市场交易的成本往往会溢出交易范围扩散成具有公共影响的社会成本，形成所谓的负外部性问题。在权责不明确的情况下，外部性问题的解决面临很多困难。但是，"通过市

---

① 参见 George J. Stigler, *The Theory of Price*, 3rd edition, New York: Macmillan, 1966, p. 112; [美]乔治·J. 施蒂格勒:《价格理论》，李青原、阎建亚、赵穗生、程三雁译，商务印书馆1992年版，第113页。其中，施蒂格勒界定的科斯定理是：在完全竞争条件下，私人成本与社会成本相等。经济学界广为流传的科斯第一定理是：在产权界定明确而且可以自由交易的前提下，如果交易费用为零，则无论法律如何判决最初产权属于谁都不会影响资源配置效率，资源配置都将达到最优。科斯第二定理是：在存在交易费用，即交易费用为正的情况下，不同的权利界定会带来不同效率的资源配置结果。

② 参见 Ronald H. Coase, "The Nature of the Firm", *Economica New series*, Vol. 4, No. 16, November 1937, pp. 386 - 405.

③ Ronald H. Coase, "The Federal Communications Commission", *Journal of Law and Economics*, Vol. 2, October 1959, pp. 1 - 40.

④ Ronald H. Coase, "The Federal Communications Commission", pp. 1 - 40.

场交易改变初始权利界定总是可能的。并且肯定的是,假如市场交易毫无成本可言,那么权利的重新安排就总能得以进行,进而带来产值的增加"①。就是说,在权利界定清楚特别是可以通过交易改变的情况下,如果不存在什么交易成本,那么市场体系就能自动有效运行,经济当事人之间的纠纷便可以通过市场交易自行解决,外部性问题也就自然得以有效治理而消失。但实际情况是,交易成本是普遍存在的,交易成本过高往往会阻碍旨在完成市场交易行为的价格谈判机制运行,因此除产权安排外,交易成本也是极为重要的影响因素。② 换句话说,要将政府或公共政策处理外部问题的重点放在因交易成本过高而无法进行的市场交易上;要将是否应该重新界定权利的时间点放在社会效益超过交易成本的支点上。③

总的来说,可以将产权理论的主要内容概括为四个层次:企业是除价格机制外市场体系运行或资源配置的重要组织方法,但市场体系要有效运行,第一是要保障企业最初产权;第二是只要能通过市场交易获得使用权,那么最初产权的意义就会明显弱化,就能促进资源最优配置;第三是只要没有交易成本,那么就总有可能通过市场交易改变最初权利界定,带来社会总产值的增加;第四是在存在交易成本的情况下,权利调整只有在调整后的收益超过调整的成本时才可行。因此,通过市场体系消除外部性问题,就是要促进享受的收益、承担的代价与物品的权利安排的一致性,也就是现在广为人知的权、责、利必须一致。但事实证明,要真正做到这一点、做好这一点却有很多困难,也并不是所有国家和市场体系都能做到和做好这一点。

---

① Ronald H. Coase, "The Problem of Social Cost", *Journal of Law and Economics*, Vol. 3, October 1960, pp. 1–44.
② 参见 Ronald H. Coase, "The Problem of Social Cost", *Journal of Law and Economics*, Vol. 3, October 1960, pp. 1–44.
③ 李井奎:《黑板经济学与真实世界的经济学——"科斯定理"的两张面孔》,《社会科学战线》2014年第1期。

第三节　公共池塘资源自主治理

奥斯特罗姆是公共池塘资源自主治理理论的提出者倡导者，她在公地悲剧、囚徒博弈困境和集体行动理论的基础上，提出了公共池塘资源情境问题的解决方案，除国家、市场方案外还可以走社会自主组织自主治理之路。学界也称之为多中心治理模式。

她的中心议题是一群因公共池塘资源而"相互依赖的委托人如何才能把自己组织起来、进行自主治理，从而能够在所有人都面对搭便车、规避责任或其他机会主义行为诱惑的情况下，取得持久的共同收益"①。简言之，就是"怎样才能对由许多个人共用的自然资源实行最佳治理的问题"②。而所谓公共池塘资源，主要是指那些很难排除使用资源的潜在受益者（或排除成本很高）、大型的、自然或人造的资源系统。这种资源系统的特点是存量共享、流量可分，具体来说就是整个资源存储系统共享，"占用公共池塘资源单位的实际过程可以由多个占用者同时进行或依次进行。然而，资源单位却不能共同使用或占用"③。

公共池塘资源的范围可以很广。尽管奥斯特罗姆并不关注泛化的所有可能的公共池塘资源，而主要是以小范围的公共池塘资源为对象进行重点研究，比如近海渔场、较小的牧场、地下水流域、灌溉系统，以及公共森林等，甚至"所有不对称的污染问题都不包括在内"④。但如果把资源、环境看成一个大的整体资源系统，事实上对

---

① ［美］埃莉诺·奥斯特罗姆：《公共事物的治理之道：集体行动制度的演进》，余逊达、陈旭东译，上海译文出版社2012年版，第35页。
② ［美］埃莉诺·奥斯特罗姆：《公共事物的治理之道：集体行动制度的演进》，余逊达、陈旭东译，上海译文出版社2012年版，第1页。
③ ［美］埃莉诺·奥斯特罗姆：《公共事物的治理之道：集体行动制度的演进》，余逊达、陈旭东译，上海译文出版社2012年版，第38页。
④ ［美］埃莉诺·奥斯特罗姆：《公共事物的治理之道：集体行动制度的演进》，余逊达、陈旭东译，上海译文出版社2012年版，第33页。

于两者之间的紧密联系也从未有人怀疑过,良好的环境已经成为非排他性的、人类健康生活不可或缺的重要资源,那么,公共池塘资源治理理论就可以成为一个很好的研究生态公共产品或环境问题的理论工具。①

奥斯特罗姆把新制度的供给、可信承诺和相互监督视为自然资源治理的三大难题。在观察了许多成功或失败的社群自主组织自主治理案例后,她总结出那些得以长期存续的公共池塘资源自主组织自主治理之道,也即成功的公共池塘资源制度的八项设计原则。一是清晰界定边界:清晰界定公共池塘资源本身边界以及对有权提取使用一定公共池塘资源单位的个人或家庭予以明确规定;二是占用要和供应规则以及当地条件相一致:资源单位的占用规则要和当地条件及所需劳动、物资或资金的供应规则相一致;三是做好集体选择安排:绝大多数受操作规则影响的个人都能够参与对操作规则的修改;四是监督:能够积极检查资源状况和占用者行为的监督者,要么是对占用者负有责任的人,要么是占用者本人;五是分级制裁:违反操作规则的占用者很有可能受到其他占用者、有关官员或他们两者的分级制裁,当然制裁的程度取决于违规的内容和严重性;六是建立冲突解决机制:占用者和他们的官员能够迅速通过成本低廉的地方公共论坛来解决占用者之间或占用者与官员之间的冲突;七是要有对组织权最低限度的认可:占用者自己设计制度的权利不受外部政府权威的挑战,实际上就是保障自治;八是以嵌套式企业方式进行组织:将占用、供应、监督、强制执行、冲突解决和治理活动组织在一个多层次分权的嵌套式企业中。②

---

① 广义上说,只要受一定阶段一定范围承载力所限,站在某一系统边界或临界点审视,又有哪些资源、物品、问题不能被划为公共池塘资源?毕竟在许多环境思想者视野中,地球也仅仅被视为茫茫宇宙中一只小小的"太空船"。地球上一定范围内的问题都有可能在一定程度上从公共池塘资源视角加以研究。

② 参见[美]埃莉诺·奥斯特罗姆《公共事物的治理之道:集体行动制度的演进》,余逊达、陈旭东译,上海译文出版社2012年版,第108—122页。

对公共池塘资源理论的概括是：对许多个人共用的有限范围资源的有效治理或促进这些个人的共同收益，必须依靠这些资源使用者自主组织自主治理能力的提高，以及自治权受到充分尊重，形成适合当地社群条件与环境的新制度供给、可信承诺、直接监督与争议解决机制。

第四节　既有理论模型反映的关键问题

当前，各种理论模型尽管出发点不同，但这些理论模型之间实质上具有潜在的联系，其产生和思路可以说是相互关联、相互补充的。它们的研究结果无疑都共同强调了一些重要因素：制度、权利、交易或交换、交互、成本、收益等；并反映了共同的关键问题，即公共性、共有性、私有性或公共态、共有态、市场态之间能否通过交易或交换、交互方式实现有效的转换，而这个问题的核心又在于对不同状态下权利调整的相对价值及其增量分析。这牵涉到各种市场和非市场力量的合理预期、接受程度、意识形态、技术创新、行为反应等种种因素。

之所以要研究公共产品的需求与供给，一个重要原因是超越个体范围的外部性问题，或者说私有性的问题变成了公共性、共有性的问题。这些问题的解决，单靠私有性或市场态的企业自身是无法承担或无力独自承担。但公共产品的外部性范围也有差异，萨缪尔森探讨的是纯公共物品，布坎南重点分析的是排他但非竞争的俱乐部产品，奥斯特罗姆分析的则是非排他但有竞争性的公共池塘资源。蒂鲍特研究了地方公共产品，布坎南的俱乐部产品和奥斯特罗姆的公共池塘资源更多属于社区社群性的公共产品，这些都是共有性或共有态的公共产品；萨缪尔森主要谈国家性的公共产品，是纯公共性或公共态的产品。这些不同的类型、层次合起来才能构成一个系统的整体。产权理论涉及的虽主要是私人物品，但实际上涉及的是私人物品的生产与提供，也是以企业统一集中组织和配置资源，以社会化的合作方式进行的，应当说也具有公共性、集体性。

简单交易模型被认为无法解释复杂的公共产品需求与供给问题或解决外部性问题，但产权理论所关注的市场交易也绝不是简单的交易模型。作为包括一个包括资源使用权、转让权及收益权的完整整体，"产权的一个主要功能是导引人们实现将外部性较大地内在化的激励"，"界定人们如何受益及如何受损，因而谁必须向谁提供补偿以使他修正人们所采取的行动"①。因而是一种"帮助一个人形成与其他人进行交易时的合理预期"的社会工具。② 产权理论试图通过实现生产要素的联合化或组织一体化，把大量生产者、消费者的复杂社会交易简化成内部交易，降低交易成本，从而通过市场交易的自动运行，消除外部性，最终结果也是带来社会总产值的增加。

另一方面，无论是物品或利益的公共态、共有态、市场态的转换，还是国有产权、共有产权、私有产权制度的不断调整，其是否可行，都有一个调整或转换行动的相对价值、相对效果的衡量计算或增量计算问题，要看调整或转换带来的收益是否超过调整以前状态，更要看这种收益的增加是否超过成本代价，以及这种收益或代价是否被政府、市场、社会所接受，是否具备实现这种调整的相应技术。这是任何公共产品提供者、产权改革者或公共池塘资源情境下社群行动者都不得不考虑的重要因素。

第五节 西方中心论的意义与缺陷

这些理论模型对于市场分析的规范方法或实证方法，有关制度供给与变迁、产权结构和权利调整、交易成本与收益的相关论断，对我们分析当下社会主义市场体制资源配置机制及其配置公平性、效率性

---

① [美]罗纳德·H. 科斯等：《财产权利与制度变迁：产权学派与新制度学派译文集》，刘守英等译，格致出版社、上海三联书店、上海人民出版社2014年版，第71页。

② [美]罗纳德·H. 科斯等：《财产权利与制度变迁：产权学派与新制度学派译文集》，刘守英等译，格致出版社、上海三联书店、上海人民出版社2014年版，第71页。

问题，促进市场在资源配置中科学和正确发挥决定性作用是有益的。这些研究反映的是市场体制作用无法忽视的必要条件或中介因素。尤其是如何通过市场方式、产业方式配置生态资源，达至所谓帕累托最优效应，实际上就是探寻如何在既有市场交换经济下实现环境政治学者倡导的环境正义。而市场经济已是我们无法回避的背景、前提。

同时，有关公共产品与服务的研究主题，也给社会主义理论研究者提出了值得思考也必须面对思考的重大问题。作为资本主义制度的替代方式，社会主义制度的一个重要职能，无疑就是克服私有制生产方式缺陷，提供超越私有制时代的高水平公共产品与公共服务。衡量社会主义事业发展质量的一个重要标志，无疑就是人们能否更多更健康地享受到这种高水平的公共产品与公共服务。但目前来看，与私人物品理论并行的公共产品理论研究主要是由西方学者进行的。诚如布坎南感到遗憾的那样，"就连众多名目各异的社会主义思潮也没有涉及这一理论"[①]。本应是社会主义理论家们更多地从事于公共产品与服务、从事于合作性的集体行动理论的实际研究，但"社会主义理论家却忽略了公共提供的配置规范问题"，"而当他们开始探讨这个问题的时候，又将注意力仅仅局限于对公共提供的私人物品的分析"，"最高明的社会主义解决方案，反映出的却是那些纯粹以私人物品为特征的运行完善的市场经济"[②]。由于社会主义方案"旨在将私人物品的私人生产转换为集体管理"，"而对那些从一开始就在很大程度上被集体化的'公共'物品的'公共'供给，却极少关注。"[③] 应当说，生态公共产品的研究，正是社会主义理论研究者切入公共产品与公共服务研究的一个重大机遇性的主题领域。

---

① ［美］詹姆斯·M. 布坎南：《公共物品的需求与供给》，马珺译，上海人民出版社2017年版，第176页。
② ［美］詹姆斯·M. 布坎南：《公共物品的需求与供给》，马珺译，上海人民出版社2017年版，第176页。
③ ［美］詹姆斯·M. 布坎南：《公共物品的需求与供给》，马珺译，上海人民出版社2017年版，第176—177页。

第三章 理解生态公共产品的各种理论模型

但另一方面，总体判断，当前各种理论模型研究生态公共产品问题的逻辑起点是市场失灵，核心是通过修补市场缺陷维持市场无法及时提供的个人消费，主要办法是依靠私有化的资本和产权结构，实现外部问题内部化，尽管内部化、私有化的程度和范围可能会有所不同，本质上还是立足于或者说仍会受私人资本利益所控。从一定层面上说相当于用市场方法克服市场缺陷，"以子之矛，攻子之盾"。而之所以如此，在于他们的出发点或面临的主体社会是既定的、以西方世界为中心。

首先，这些西方中心论的理论模型主要是从个体视角而非整体视角考察问题。他们普遍侧重的是"由个人组成的社区"或社会的个体性、个人理性，① 即"集体不会脱离构成社会的个体而存在"②。因此，科斯呼吁改变方法，在设计和选择社会格局时"应考虑总的效果"，从总体的和边际的角度来看待污染问题、损害问题，考虑的实际上是社会关系中的相对价值相对效果问题而非真正的实际价值实际效果。③ 而马克思主义的出发点则是"在社会中进行生产的个人"，"个人的一定社会性质的生产"④，"在一定社会发展阶段上的生产——社会个人的生产"⑤，认为"只有到18世纪，在'市民社会'中，社会联系的各种形式，对个人说来，才表现为只是达到他私人目的的手段，才表现为外在的必然性"⑥。而且"关键并不在于，当每个人追求自己私人利益的时候，也就达到私人利益的总体即普遍利益。……关键倒是在于，私人利益本身已经是社会所决定的利益，而

---

① ［美］詹姆斯·M. 布坎南：《公共物品的需求与供给》，马珺译，上海人民出版社2017年版，第7页。
② ［美］詹姆斯·M. 布坎南：《公共物品的需求与供给》，马珺译，上海人民出版社2017年版，第184页。
③ 参见［美］罗纳德·H. 科斯等《财产权利与制度变迁：产权学派与新制度学派译文集》，刘守英等译，格致出版社、上海三联书店、上海人民出版社2014年版，第39页、第4页。
④ 《马克思恩格斯文集》第8卷，人民出版社2009年版，第5页。
⑤ 《马克思恩格斯文集》第8卷，人民出版社2009年版，第6—9页。
⑥ 《马克思恩格斯文集》第8卷，人民出版社2009年版，第6页。

且只有在社会所设定的条件下并使用社会所提供的手段，才能达到；也就是说，私人利益是与这些条件和手段的再生产相联系的。这是私人利益；但它的内容以及实现的形式和手段则是由不以任何人为转移的社会条件决定的"①。中国是一个有着悠久的集体传统、集体传承的国家，马克思主义对社会整体性的强调无疑更适合这种文化传统，过于强调个人视角与这种集体文化背景容易产生冲突。② 这是我们研究和引介西方公共产品理论乃至其他更多理论方法时不得不首先注意的问题。

二是从竞争视角而非合作视角考察问题。这些理论的分析以完全竞争的市场状况为前提，即使所谓的科斯定理，也是"在完全竞争条件下，私人成本与社会成本相等"③。而马克思主义理论则批判将这种自然选择的达尔文主义逻辑植入社会，指出"把自由竞争看成是人类自由的终极发展，认为否定自由竞争就等于否定个人自由，等于否定以个人自由为基础的社会生产"是一种荒谬的看法，这里所强调的自由发展不过是"在有局限性的基础上，即在资本统治的基础上的自由发展"④。"断言自由竞争等于生产力发展的终极形式，因而也是人类自由的终极形式，这无非是说资产阶级的统治就是世界历史的终结——对前天的暴发户们来说这当然是一个愉快的想法。"⑤ 对中国这样一个注重和合文化的国家来说，重点是从合作还是竞争角度入手分析公共产品或生态公共产品、公共治理等问题，答案应当是非常明显的。

三是多从损害谈外部性或者负外部性问题。正如科斯所说："如果将生产要素视为权利，……做产生有害效果的事的权利（如排放烟

---

① 《马克思恩格斯文集》第8卷，人民出版社2009年版，第50—51页。
② 古典政治经济学或西方经济学经常从"鲁滨逊"式的个人生产情境出发，而中国的情境则最起码也是"桃花源"式的村中人生产情境，两者明显不同。
③ [美] 乔治·J. 施蒂格勒：《价格理论》，李青原、阎建亚、赵穗生、程三雁译，商务印书馆1992年版，第113页。
④ 《马克思恩格斯文集》第8卷，人民出版社2009年版，第180页。
⑤ 《马克思恩格斯文集》第8卷，人民出版社2009年版，第181页。

尘、噪声、气味等）也是生产要素。正如我们可以将一块土地用作防止他人穿越、停汽车、造房子一样，我们也可将它用作破坏他人的视野、安逸或新鲜空气。行使一种权利（使用一种生产要素）的成本，正是该权利的行使使别人所蒙受的损失——不能穿越、停车、盖房、观赏风景、享受安谧和呼吸新鲜空气。"[1] 因此其逻辑是允许损害，要么允许甲损害乙，要么允许乙损害甲，"关键在于避免较严重的损害"[2]。而我们所说的生态公共产品问题，不仅仅是环境污染损害与保护问题，更不应是所谓的零和博弈，而是牵涉到生产性的建设问题，或者说重点是如何产生更多的正外部性的问题，需要"社会公开地和直接地占有已经发展到除了适于社会管理之外不适于任何其他管理的生产力"，"按照社会总体和每个成员的需要对生产进行的社会的有计划的调节"[3]。

四是应当注意西方中心论的市场与中国境域的市场是存在差异的。简要地说，西方交换经济或市场经济、市民社会，是在打破领主封建经济基础上发展而来的，主要是一种自下而上的发展建设。中国的市场经济或准确说社会主义市场经济建设，是在打破地主封建经济及其各种变体形式经济的基础上进行的，主要是一种自上而下的发展建设。或者说，中国的经济建设是否更多带有马克思所说的"亚细亚的所有制形式""共同体"形式,[4] 需要中国理论研究者进行认真思考和关注。

---

[1] [美]罗纳德·H. 科斯等：《财产权利与制度变迁：产权学派与新制度学派译文集》，刘守英等译，格致出版社、上海三联书店、上海人民出版社2014年版，第39页。
[2] [美]罗纳德·H. 科斯等：《财产权利与制度变迁：产权学派与新制度学派译文集》，刘守英等译，格致出版社、上海三联书店、上海人民出版社2014年版，第4页。
[3] 《马克思恩格斯文集》第9卷，人民出版社2009年版，第296页。
[4] 参见《马克思恩格斯文集》第8卷，人民出版社2009年版，第123—126页。

第四章　生态公共产品的马克思主义分析*

应当注意到，西方有关解释环境问题或生态公共产品的理论并非价值中立，这是由西方理论家们的社会存在决定的。因此，无论从学理还是从实践上说，都不能局限于已经占据全球化高地的西方经济学的公共产品与公共选择、产权、多中心治理等概念、理论和方法，也不能局限于西方历史土壤中生成的"公地悲剧"或"囚徒困境"话语模式。对我们来说，分析生态公共产品问题，马克思主义理论不应缺场，要立足中国境域，高度重视和发展马克思主义对此问题的指导启发作用，这对社会主义国家调整优化生态公共产品提供机制具有重大导向性。当然更要注意，"马克思的整个世界观不是教义，而是方法。它提供的不是现成的教条，而是进一步研究的出发点和供这种研究使用的方法"②。如此方能在广泛和科学借鉴基础上形成分析生态公共产品问题的马克思主义立场、观点和方法。从一定意义上说，这是对早先布坎南为之遗憾的、社会主义理论研究者忽略的本应从事的公共物品理论研究的一种迟到的应答，更是立足当前中国发展境况分析解决我国与全球环境治理难题，推动生态文明体制机制改革实践的一种必然趋势。

---

* 本章部分内容已作为阶段性成果在《马克思主义研究》发表，参见蔺雪春《生态公共产品的马克思主义立场、观点、方法》，《马克思主义研究》2018年第1期。

② 《马克思恩格斯文集》第10卷，人民出版社2009年版，第691页。

第一节 马克思主义分析生态公共产品问题的可能性

基于马克思主义理论方法分析生态公共产品问题是可能或可行的。特别是近些年国内已有部分研究者专门提出并探讨了马克思公共产品思想,并将之与西方经济学的公共产品范畴进行了初步比较。更有许多研究者对生态马克思主义、生态社会主义、马克思环境思想或马克思生态观等进行了细致的挖掘探讨。马克思公共产品思想研究提出的一些社会需求和整体供给观点,如生态学马克思主义、生态社会主义解决生态危机的制度方案,有机马克思主义新近提出的共同福祉原则、马克思环境思想在生态文明研究中的科学应用,以及马克思唯物史观、辩证分析方法或自然辩证方法等,为我们提供了审视生态公共产品问题从而促进生态文明体制机制改革与制度创新的独特视角、观点。

首先,马克思公共产品思想集中见于《哥达纲领批判》中有关社会总产品扣除的论述,部分研究者以此为基础专门探讨了马克思公共产品思想,并与西方公共产品理论作了比较。有研究提出马克思公共产品理论主要是基于以人为本理念,从整体和供给角度围绕社会存在和发展的共同利益需要,或者说从共同生产条件的社会需求而非个人需求出发研究公共产品、公共服务的本质与供求问题,认为社会需求的满足依靠社会产品的供给,而社会需求具有社会性、共同性、共享性等特征;西方公共产品理论则围绕消费偏好以市场需求为导向研究公共产品问题,把公共产品始终看成市场问题的伴生物,偏重公共产品的自然属性或物质属性、技术属性,割裂了公共产品的自然属性和社会属性。[①] 当然,实际上公共产品问题自人类社会作为一个群体出

---

① 胡钧、贾凯君:《马克思公共产品理论与西方公共产品理论比较研究》,《教学与研究》2008年第2期;杨静:《马克思社会需求思想与西方公共产品理论》,《高校理论战线》2009年第8期。专门研究还可参见鄢奋:《马克思公共产品思想解读》,《中共福建省委党校学报》2009年第9期;周明海:《马克思恩格斯的公共产品思想研究》,《学术界》2009年第6期;杨静:《马克思主义视角下的西方公共产品理论批判性解读》,《教学与研究》2009年第8期,等等。

现时就已经存在，并不绝对是私有物品的对立概念。因此两者在路径方向、研究基点上有着本质的不同。

其次，生态马克思主义对资本主义第二矛盾和生态社会主义有关社会公正或环境公正、绿色生态的社会主义制度的论述，有机马克思主义阐述的共同福祉原则纲领等内容，都对当前生态公共产品问题或生态文明研究、生态文明建设提供了思想启发借鉴。生态马克思主义理论揭示了资本主义生产方式与外在生产条件的不相容性，指出资本主义本身不可能从实质上解决这些矛盾，在对当代资本主义进行制度批判、技术批判和消费批判、文化价值批判的基础上，开启了历史唯物主义的生态视域，认为只有从发展观、境界论等更高层面上把握引导人与自然关系的社会主义生态文明建设才是矛盾解决之路。① 生态社会主义理论也提出生态危机是当代资本主义的本质性危机，而资本主义制度则是生态危机的主要根源；只有坚持社会所有权和对大规模财产的控制权、对生产单位重组或分配的选择权，基于完整生命周期循环平衡理念修正增长效率观，将生产方式建立在环境友好和社会健康而非利润与市场的准则上，联合一切关心环境的阵营和发挥工人、农民等在生态社会变革中的主体作用，以绿色生态的社会主义制度取代资本主义制度，或者说以系统的生态社会主义制度重建现代文明根基，才能消除生态危机。② 近年来新出现的有机马克思主义概念，则糅合汇集了马克思主义、中国道家思想等传统智慧、过程哲学等理论，特别是基于中国研究与实践观察，从生态灾难入手分析当代资本

---

① 王雨辰：《生态学马克思主义与生态文明研究》，人民出版社 2015 年版；陈学明：《生态文明论》，重庆出版社 2008 年版。专门研究还可参见 [美] 詹姆斯·奥康纳：《自然的理由：生态学马克思主义》，唐正东、臧佩洪译，南京大学出版社 2002 年版；[加] 本·阿格尔：《西方马克思主义概论》，慎之等译，中国人民大学出版社 1991 年版，等等。

② 郇庆治主编：《重建现代文明的根基——生态社会主义研究》，北京大学出版社 2010 年版；郑国玉：《生态社会主义构想研究》，中国社会科学出版社 2015 年版。专门研究还可参见 [美] 戴维·佩珀：《生态社会主义：从深生态学到社会正义》，刘颖译，山东大学出版社 2005 年版；[印] 萨拉·萨卡：《生态社会主义还是生态资本主义》，张淑兰译，山东大学出版社 2008 年版，等等。

主义的内在缺陷，提出资本主义正义不正义、自由市场不自由、穷人将为全球气候恶化付出最沉重代价等观点；认为资本主义自身无法克服生态灾难，应当按照实现共同福祉、有机生态思维、关注阶级不平等问题、长远整体视野、长期系统规划等原则，构建服务于共同福祉的体系结构；认为社会主义生态文明代表着世界的未来，中国最有可能引领世界走向可持续发展的生态文明。①

三是对于马克思唯物史观、辩证分析方法的坚持，进而马克思环境思想或马克思自然观的发掘，及其通过物质变换理论开启生态新视域等，都有助于融合构建起描述解释生态文明议题特别是生态公共产品问题的马克思主义视角方法。学界有关马克思环境思想或马克思自然观、生态观的发掘研究，把马克思环境思想与唯物史观联系起来，指出马克思环境思想是唯物史观的重要组成部分，唯物史观生产力理论蕴含着丰富的环境思想，辩证自然观是马克思环境思想的基石，马克思物质变换思想、循环经济思想是可持续发展思想的先声和重要内容；并提出要进一步把马克思环境思想中国化，通过理念、制度、行为塑造科学应用于中国生态文明建设、环境友好型社会建设等。② 更有学者从唯物史观视野审视生态文明概念与生态文明建设，从唯物史观的实践、过程、结构、阶级、多样性等视野出发，探讨生态文明的理论与文化基础、发生机制、历史演进、系统构成，及其中国实践指向和制度依托等，提出生态文明是整个人类文明发展的内在结构内容和基本方向；只有在共产主义条件下才能实现人道主义和自然主义的真正统一，并最终使生态文明成为可能，而社会主义生态文明建设则是连接生态文明理想与现实的桥梁。③

---

① ［美］菲利普·克莱顿、贾斯廷·海因泽克：《有机马克思主义——生态灾难与资本主义的替代选择》，孟献丽、于桂凤、张丽霞译，人民出版社 2015 年版。

② 方世南：《马克思环境思想与环境友好型社会研究》，上海三联书店 2014 年版。稍早的研究还可参见郇庆治《自然环境价值的发现：现代环境中的马克思恩格斯自然观研究》，广西人民出版社 1994 年版，等等。

③ 参见张云飞《唯物史观视野中的生态文明》，中国人民大学出版社 2014 年版。

综上可以说，基本理论前提启发已经具备，中国情境的生态文明实践和理论研究已经展开。但当前生态文明研究的一个主要特点是侧重思想辨析，体制改革特点是侧重宏观和顶层设计。因此把具体的生态公共产品需求作为撬动生态文明制度创新，以及将生态文明建设融入经济建设、政治建设、社会建设、文化建设各方面和全过程的操作点，从理论性质上说，是一次由宏观转向微观、间接转向直接、基层需求与上层改革相结合的转换研究思路的重要尝试。从马克思主义视角和中国境域探讨生态公共产品和服务问题，从价值立场上说，又是摆脱西方中心论的一次尝试。

同已有的基于西方经济学或政治经济学的研究传统相比，通过文献解读融合构建起描述和解释生态文明议题特别是生态公共产品问题的马克思主义视角方法，进一步提出操作概念，有助于推动形成较有说服力的中国特色生态文明话语体系，用中国情境的理论解释中国情境的问题。具体来说，生态文明体制改革的理论构想是建设美丽中国，落脚到现实内容，则是为社会共同体的生存发展需要提供量足质优的生态公共产品和公共服务。这是生态文明融入经济社会生活的必然要求和国家不断强化政府服务职能、加强供给侧结构性改革的必然趋势。在环境监管与生态服务并行，或环境安全态势紧张、环境监管压力较大形势下，分析生态公共产品具体供求问题，研究生态公共产品公共服务的社会需要和提供机制，有助于促进政府生态文明建设职能转变，为实现生态环境善治和解决群众生态需求提供新思路。

当然，重视梳理马克思公共产品思想，表明生态公共产品的马克思主义立场、观点和方法，是一项非常繁重和艰巨的工作。不仅要像西方经济学那样明确公共产品外化的自然表现或技术特征，更要明确公共产品赖以运转和表现其重要性并受其制约的社会关系、社会性质、社会尺度，明确公共产品在处理人与自然关系、人与社会关系等总体关系中的地位、功能、机制，明确公共产品的优点、重点和发展取向。这项工作一开始可能并不完整，但确是必要的。它一旦能够完成，就可以对目前已经成为主流范式的西方经济学公共产品理论与应用形成一种有力的替代性选择，克服西方经济学公共产品理论在认识和解决生态环境治理难题上的内在缺陷和根本上的乏力，进一步为我们加强环境友好型和资源节约型社会建设，坚定社会主义生态文明改革自信提供有力的基础支撑、话语逻辑。由此或能在一定程度上对深化生态文明理论认识、推动生态文明体制机制改革创新产生重要学术价值和重要现实意义。

第二节 马克思公共产品思想的内在规定性

国内学者对马克思公共产品思想的论述，往往是从马克思《哥达纲领批判》中对社会总产品的六项扣除进行的。即社会总产品在分配之前，首先应当扣除用来补偿消耗掉的生产资料的部分、扩大生产的追加部分、应付不幸事故和自然灾害等的后备基金或保险基金，其次是扣除同生产没有直接关系的一般管理费用、用来满足共同需要的部分、为丧失劳动能力的人等等设立的基金。[①] 因此马克思较早提出了公共产品的想法。在此基础上我们还可以将其细分成生产类、安全类、管理类、共同需要类、条件保障类等不同类型，这有助于增进我们对公共产品问题的认识。但值得注意的是，这里的公共产品表述主要是列举性的，发生在140年前，不可能完全涵盖和满足迄今为止不断变化的现实条件，仍需要我们结合马克思、恩格斯等经典作家的更多论断，对公共产品进行一种技术性的操作概念提炼，对许多表述和现象做更深入研究，以便"从简单的抽象规定开始，逐步上升到越来越具体的规定，从而在理论上使客观事物的内部联系和发展过程得到科学的说明和再现"[②]。

西方经济学是从消费端指明公共产品的非竞争性、非排他性、不可分性等主要特征的。马克思主义则注重从生产端及其产品交换、分

[①]《马克思恩格斯文集》第3卷，人民出版社2009年版，第432—433页。
[②]《马克思恩格斯文集》第8卷，人民出版社2009年版，第2页。

配、消费的整体性上，从生产关系或社会关系、人与自然关系的总体联系和制约关系上把握公共产品特征。马克思在《资本论》第一卷中说："设想有一个自由人联合体，他们用公共的生产资料进行劳动，并且自觉地把他们许多个人劳动力当做一个社会劳动力来使用。在那里，鲁滨逊的劳动的一切规定又重演了，不过不是在个人身上，而是在社会范围内重演。鲁滨逊的一切产品只是他个人的产品，因而直接是他的使用物品。这个联合体的总产品是一个社会产品。这个产品的一部分重新用做生产资料。这一部分依旧是社会的。而另一部分则作为生活资料由联合体成员消费。因此，这一部分要在他们之间进行分配。……在那里，人们同他们的劳动和劳动产品的社会关系，无论在生产上还是在分配上，都是简单明了的。"① 这里实际上已经具体地提到了社会产品这一说法，提到了社会产品的生产、分配、消费过程。

第一，对于这种社会产品的生产过程或劳动过程，《资本论》第一卷指出："作为使用价值的创造者，作为有用劳动，是不以一切社会形式为转移的人类生存条件，是人和自然之间的物质变换即人类生活得以实现的永恒的自然必然性。"② 而它作为一种物质变换过程，《资本论》第三卷又指出："社会化的人，联合起来的生产者，将合理地调节他们和自然之间的物质变换，把它置于他们的共同控制之下，而不让它作为一种盲目的力量来统治自己；靠消耗最小的力量，在最无愧于和最适合于他们的人类本性的条件下来进行这种物质变换。"③ 而作为生产这些总产品的种种不同劳动，当然也是这个联合体的共同劳动或社会化劳动，"在其自然形式上就是社会职能"，"有它本身的自然形成的分工"，是由不断改变的"劳动的自然条件来调节的"④。因此劳动的自然形式就是它的社会形式。

---

① 《马克思恩格斯文集》第5卷，人民出版社2009年版，第96—97页。
② 《马克思恩格斯文集》第5卷，人民出版社2009年版，第56页。
③ 《马克思恩格斯文集》第7卷，人民出版社2009年版，第928—929页。
④ 《马克思恩格斯文集》第5卷，人民出版社2009年版，第96页。

第二，对于这种社会产品的分配，马克思说："分配的方式会随着社会生产有机体本身的特殊方式和随着生产者的相应的历史发展程度而改变。"① 分配的标准即"每个生产者在生活资料中得到的份额"是"由他的劳动时间决定的。这样，劳动时间就会起双重作用。劳动时间的社会的有计划的分配，调节着各种劳动职能同各种需要的适当的比例。另一方面，劳动时间又是计量生产者在共同劳动中个人所占份额的尺度，因而也是计量生产者在共同产品的个人可消费部分中所占份额的尺度。"② 用时间来计量的个人劳动力的耗费，"本来就表现为劳动本身的社会规定"，个人劳动力在这个联合体或共同体中只是作为"共同劳动力的器官而发挥作用的"③。

第三，对于社会产品的占有或拥有、消费，则"不应当仅仅被理解为直接的、片面的享受"，不能说"被我们直接占有，被我们吃、喝、穿、住等等的时候，简言之，在它被我们使用的时候，才是我们的"④。而是"人以一种全面的方式，就是说，作为一个完整的人"对"自己的全面的本质"的占有，"即通过自己同对象的关系而对对象的占有……是人的能动和人的受动……是人的一种自我享受"⑤。这里的"需要和享受失去了自己的利己主义性质"，因为感觉和精神的器官除了直接的肉体的器官以外，"还以社会的形式形成社会的器官"，例如把同他人的直接交往等活动作为"我的生命表现的器官"和"对人的生命的一种占有方式"⑥。总之，它不应当是私有制下某种资本化的占有，也是一种类活动、类存在、类占有。

因此，按照马克思、恩格斯的思想，我们或许可以说，公共产品不仅是消费上具有非竞争性、非排他性或不可分性的产品，更表现为

---

① 《马克思恩格斯文集》第5卷，人民出版社2009年版，第96页。
② 《马克思恩格斯文集》第5卷，人民出版社2009年版，第96页。
③ 《马克思恩格斯文集》第5卷，人民出版社2009年版，第96页。
④ 《马克思恩格斯文集》第1卷，人民出版社2009年版，第189页。
⑤ 《马克思恩格斯文集》第1卷，人民出版社2009年版，第189页。
⑥ 《马克思恩格斯文集》第1卷，人民出版社2009年版，第190页。

需要真正进行联合生产、合理调节、共同控制、社会分配和社会占有的产品。

它应当具有以下内在规定性。一是它的社会性质、社会关系、社会尺度。所谓社会性质，主要表明这种产品的整体的社会属性、社会条件和社会过程。而且要特别注意的是，这种社会性质是自然形成的，因而，"个人的一定社会性质的生产，当然是出发点"①。所谓社会关系，主要表明它是一种具有真正的共同体意义的产物或联合体的产物，因而受到整个共同体或联合体的发展程度的制约。马克思和恩格斯对共产主义的论述，对共产主义是私有财产的积极扬弃的论述，对建立共产主义实际上具有经济性质的论述，都无不表明自由和全面的发展必须依靠联合体或共同体的宗旨，甚至都可以理解成是对公共产品范畴的一种表述。所谓社会尺度，则是要把劳动的投入作为公共产品价值的重要评价标准，注意劳动作为具体劳动和抽象劳动的双重性以及协调好劳动对社会和个人的双重作用。

二是它在处理人与自然关系、人与社会关系中的地位、功能和机制。在定位上，公共产品是维系人—自然—社会关系生生不息和永续运转不可或缺的首要物品。既是自然的首要产品，更是社会存在的基础产品、首要产品。因为越是追溯历史，就越可以发现人类首先面对的和生产出来的是公共品而非私人消费品。正如马克思《政治经济学批判》导言所说："我们越往前追溯历史，个人，从而也是进行生产的个人，就越表现为不独立，从属于一个较大的整体……"② 在功能上，公共产品首先是对维持整个自然存在进而是社会共同体存在的生产资料的补偿，以及扩大再生产的追加，即生产的功能，包括自然的生产也包括社会的生产。其次是对整体安全、运营和正义的保障，即分配的功能。在这两个功能前提之下才是消费的功能——满足人的生活需要。在机制上，必须注意区分现代市场条件对人—自然—社会关

---

① 《马克思恩格斯选集》第2卷，人民出版社2012年版，第683页。
② 《马克思恩格斯选集》第2卷，人民出版社2012年版，第684页。

系的多重作用，区分社会大众对公共产品的现实有效需求和无效需求的差别，注意公共产品供求关系中合理价格因素的调节作用；注意公共产品提供模式的整体性——联合生产的重要性；注意资本的"社会力量"和"集体产物"特性，它"只有通过社会许多成员的共同活动，而且归根到底只有通过社会全体成员的共同活动，才能运动起来"；①注意到作为生产关系或所有制问题的一种法律表现形式，公共产品所依赖的产权关系应当是建立在"协作和对土地及靠劳动本身生产的生产资料的共同占有的基础上""重新建立"的"个人所有制"。②它决定了公共产品的劳动组织形式。

三是它的倾向性即优点、重点和发展取向。公共产品与私人产品相对应而不是对立。其优点是它能在某种程度上克服劳动异化现象，恢复生产的联合基础和内在优越性，使生产品"由生产者支配"③，在自由联合基础上更大范围保持生产者"对自己生产过程的社会效果的控制"④。其重点在产品而不是商品，体现为使用价值而非交换价值，体现为人与人之间的关系而非"披上物之间即劳动产品之间的社会关系的外衣"⑤，不是仅仅满足个人消费，而是满足作为类存在物的人共同生活即"生产物质生活本身"的需要。⑥它的发展取向，不是要完全取消私人产品，而是在探索社会利益和个人利益之间公正和谐关系的方式方法基础上，更大程度提升和实现人对自然及所谓财富应有的智慧。因此，公共产品更能体现以人为本的目的和意义，针对公共产品生产而不断革新生产力和生产关系，有助于推动生产方式转型升级，进一步壮大共同体发展的经济基础，为不同社会群体共同实现人的自由和全面发展创造更好的基本条件。

---

① 《马克思恩格斯文集》第 2 卷，人民出版社 2009 年版，第 46 页。
② 《马克思恩格斯文集》第 5 卷，人民出版社 2009 年版，第 874 页。
③ 《马克思恩格斯文集》第 4 卷，人民出版社 2009 年版，第 129 页。
④ 《马克思恩格斯文集》第 4 卷，人民出版社 2009 年版，第 130 页。
⑤ 《马克思恩格斯文集》第 5 卷，人民出版社 2009 年版，第 95 页。
⑥ 《马克思恩格斯文集》第 1 卷，人民出版社 2009 年版，第 531 页。

综上，马克思的公共产品思想和概念是一种重视整体性的生产端的思想和概念。这些思想概念及其内涵的社会属性和它在人与自然关系、人与社会关系中的地位、功能、机制以及发展倾向等诸多规定性，构成我们进一步明确生态公共产品的马克思主义立场、观点和方法的一个重要基础。

第三节　生态公共产品的马克思主义立场

把马克思公共产品思想应用于思考生态环境问题，借鉴融合马克思环境思想或马克思主义生态文明观等理论成果，加快确立我们自己的生态公共产品话语权，第一要务是明确自身立场和出发点。

首先要站稳站好唯物史观的立场。就是说，生态建设与环境保护命题不能仅从生态环境本身进行思考，在进入社会的、生活的人类视野后，这一命题及其一系列附属问题的形成、变迁同样是由一定历史阶段的物质经济条件来决定的。恩格斯在《社会主义从空想到科学的发展》中指出："生产以及随生产而来的产品交换是一切社会制度的基础……所以，一切社会变迁和政治变革的终极原因，不应当到人们的头脑中，到人们对永恒的真理和正义的日益增进的认识中去寻找，而应当到生产方式和交换方式的变更中去寻找；不应当到有关时代的哲学中去寻找，而应当到有关时代的经济中去寻找。"[①] 因此，生态环境问题变迁为社会问题和政治问题的内在根源与动力，就存在于这个时代的相应的经济当中。恩格斯还指出："对现存社会制度的不合理性和不公平、对'理性化为无稽，幸福变成苦痛'的日益觉醒的认识，只是一种征兆，表示在生产方法和交换形式中已经不知不觉地发生了变化，适合于早先的经济条件的社会制度已经不再同这些变化相适应了。"[②] 生态环境问题的大量和集中发生或也说明，适合早先

[①] 《马克思恩格斯文集》第3卷，人民出版社2009年版，第547页。
[②] 《马克思恩格斯文集》第3卷，人民出版社2009年版，第547页。

的经济条件的有关生态环境的制度安排已经不再同当前生产方式和交换形式的不断变化相适应了。当然，这种早先的经济条件更多的是资本主义生产方式全球化的一种结果，它榨取自然而非反育自然，"资本主义生产方式以人对自然的支配为前提"①。

就变化发展形势来看，作为一种公共产品的良好生态环境的生产与交换，已经成为考察社会现实、社会发展和社会制度的合理出发点，环境也是生产力。在此基础上产生的交往形式与社会结构，同样应当被看成是理解人类社会历史的真正基础。"制约着整个社会生活、政治生活和精神生活的过程"的"物质生活的生产方式"②，同样是包含生态产品生产在内的生态生活的生产方式。从社会存在的角度说，生态环境条件应当是经济条件最根本的层面。

其次要从辩证的自然观的立场思考生态公共产品问题。马克思在《1844年经济学哲学手稿》中指出，自然界是人的无机的身体，"人靠自然界生活……自然界是人为了不致死亡而必须与之处于持续不断的交互作用过程的、人的身体。所谓人的肉体生活和精神生活同自然界相联系，不外是说自然界同自身相联系，因为人是自然界的一部分"③。而人与自然之间的这种联系过程，是以劳动实践也即物质变换过程进行的。《资本论》第一卷说："劳动首先是人和自然之间的过程，是人以自身的活动来中介、调整和控制人和自然之间的物质变换的过程。人自身作为一种自然力与自然物质相对立。为了在对自身生活有用的形式上占有自然物质，人就使他身上的自然力——臂和腿、头和手运动起来。当他通过这种运动作用于他身外的自然并改变自然时，也就同时改变他自身的自然。"④ 因此对作为社会存在物的人来说，人和自然是辩证统一的，人与自然存在相互建构关系；既要看到自然界对人类的客观性、优先性和制约性，承认人类不适当地改

---

① 《马克思恩格斯文集》第5卷，人民出版社2009年版，第587页。
② 《马克思恩格斯文集》第2卷，人民出版社2009年版，第591页。
③ 《马克思恩格斯文集》第1卷，人民出版社2009年版，第161页。
④ 《马克思恩格斯文集》第5卷，人民出版社2009年版，第207—208页。

造干预自然、私有制下劳动异化是自然异化的重要根源，从而尊重自然、顺应自然和善待自然；也要看到尊重自然、顺应自然、善待自然的目的是实现自由、全面和可持续性的发展，自然环境的优化也是促进这种自由、全面和可持续发展的重要前提条件，人应该在优美的生态环境中工作和生活。[①] 或者说，优化自然环境就是优化人自身。因此，生态环境问题必须通过破除各种妨碍人与自然统一关系的重大障碍，通过优化促进人与自然统一关系的各种方式来解决。

特别是对生活于社会主义中的人来说，他们所生活的社会应当是"人同自然界的完成了的本质的统一，是自然界的真正复活，是人的实现了的自然主义和自然界的实现了的人道主义"[②]。而他们所发现的"整个所谓世界历史不外是人通过人的劳动而诞生的过程，是自然界对人来说的生成过程"[③]，如果说劳动过程就是物质变换过程，那么从马克思物质变换思想切入来考虑整个唯物史观和辩证自然观，综合前述诸多内容，按照马克思恩格斯的说法，是否也可以说，生态公共产品的马克思主义立场应当从下述原理出发：[④]

人对自然关系的本性是唯物的，这种唯物性是人与自然观念联系和现实联系的整体的、全面的唯物性。[⑤] 人对自然关系的唯物性，只有通过人与自然之间的物质变换，才作为外在的必然性现实地表现出来，成为实际的东西。[⑥] 对人与自然之间的这种物质变换的不了解、不确定而产生的实际的狭隘性、神秘性甚至宗教式的反映，只有当这种物质变换过程也即社会生活之物质生产过程的形态，在人们面前表现为人与人之间和人与自然之间明白而合理的关系的时候，作为自由

---

① 方世南：《马克思环境思想与环境友好型社会研究》，上海三联书店2014年版，第99—106页。
② 《马克思恩格斯文集》第1卷，人民出版社2009年版，第187页。
③ 《马克思恩格斯文集》第1卷，人民出版社2009年版，第196页。
④ 本部分内容尝试借用马克思恩格斯等经典作家的说法，但为保证内容可读性、连续性，与原著相同文字处没有加用引号，只在句末标注了相应出处。
⑤ 《马克思恩格斯文集》第8卷，人民出版社2009年版，第172页。
⑥ 《马克思恩格斯文集》第8卷，人民出版社2009年版，第180页。

联合的人的产物处于人的有意识有计划的控制之下的时候,它才会把自己的神秘的纱幕揭掉。① 但发展过程首先需要被设定为并且被意识到是这一过程的前提,需要使生产力的充分发展成为生产条件,② 需要有一定的社会物质基础或一系列物质生存条件。③ 生产力就是物质变换力,生产就是人借社会形式对自然的占有和物质变换,④ 人就是在以社会形式占有自然中形成一定的、必然的、不以他们的意志为转移的人与自然关系,即与他们对自然的物质变换力的一定发展阶段相适合的人与自然关系。这种最基本的物质变换力、最基础生产力发展到一定阶段,便同它一直在其中运动的现存人与自然关系或财产关系(这只是人与自然关系的一种社会用语)发生矛盾,这些关系便由物质变换力或生产力的发展形式变成桎梏,那时人与自然关系进而社会形式、社会关系发生革命性调整的时代就到来了。⑤ 所以,一切社会变迁和人与自然关系变革的终极原因,不应当到人们的头脑中,到人们对永恒的真理和正义的日益增进的认识中去寻找,而应当到生产方式和交换方式即人与自然之间物质变换方式的变更中去寻找;不应当到有关时代的哲学中去寻找,而应当到有关时代的经济生产的物质变换中去寻找。对现存社会关系、对现存人与自然关系的不合理性和不公平、不友好,对理性化为无稽、幸福变成苦痛的日益觉醒的认识,只是一种征兆,表示在人对自然的占有和物质变换方法中已经不知不觉地发生了变化,适合于早先的经济条件或物质变换条件的人与自然关系安排已经不再同这些变化相适应。同时这还说明,用来消除已经发现的弊病的手段,也必然以或多或少发展了的形式存在于已经发生变化的人与自然关系本身中。这些手段不应当从头脑中发明出来,而

---

① 《马克思恩格斯文集》第5卷,人民出版社2009年版,第97页。
② 《马克思恩格斯文集》第8卷,人民出版社2009年版,第172页。
③ 《马克思恩格斯文集》第5卷,人民出版社2009年版,第97页。
④ 《马克思恩格斯文集》第8卷,人民出版社2009年版,第11页。
⑤ 《马克思恩格斯文集》第2卷,人民出版社2009年版,第591—592页。

应当通过头脑从经济生产的物质变换的现成事实中发现出来。① 在人与自然的物质变换中，良好生态环境的生产与交换，是一切社会制度的基础。基于生态生活在内的物质生活的生产方式制约着整个社会生活、政治生活和精神生活的过程。②

由此，生态公共产品的生产、交换、分配与消费活动，以及由此引致的新型生产力、生产关系或社会关系、政治关系的形成和发展，就是破除人与自然统一障碍，促进人与自然有机统一关系、社会生产有机体发展的一个重要过程，就是实现"环境的改变和人的活动或自我改变的一致"的过程，应当被合理地理解为"革命的实践"③。

第四节　生态公共产品的马克思主义观点

基于上述思想、规定性和基本立场，对特定主体所面临的一定社会形式或社会关系、经济社会发展中的生态环境问题，可以形成以下观点，作为充实生态文明研究，改革完善生态文明政策和制度的重要内容。

第一，生态环境作为公共产品乃是第一经济条件。"人靠自然界生活。"④ 生态公共产品的生产、交换、分配、消费活动，构成人类社会生产方式的基底和根本。或许可以说，生态环境构成最基本生产力、物质变换力。作为物质变换的第一层次——自然界的物质变换的产物，空气、阳光、水、土地、动物、植物等"天然的"自然产品，是自然提供的、对人来说首要的生态公共产品。当然这里需要注意的是，这个自然是受每代人以相应的社会形式影响改变过的自然，因此"天然的"意义也必然包含需要不同代际才能感受到的作用力的相应结果。作为物质变换的第二层次——自然与人之间物质变换的产物，

---

① 《马克思恩格斯文集》第 3 卷，人民出版社 2009 年版，第 547 页。
② 《马克思恩格斯文集》第 2 卷，人民出版社 2009 年版，第 591 页。
③ 《马克思恩格斯文集》第 1 卷，人民出版社 2009 年版，第 500 页。
④ 《马克思恩格斯文集》第 1 卷，人民出版社 2009 年版，第 161 页。

第四章 生态公共产品的马克思主义分析

生态公共产品更是自然界进入人类生活视野后作为劳动对象、劳动材料、劳动工具，或因附加了人类的改造创造、探索愉悦等活动的人类意义的自然产品，比如人工景观、林场、湿地、山地、草场、动植物园或所谓公园、保护区、自然遗产等。作为物质变换的第三层次——人与社会之间物质变换的结果，生态公共产品也可以延伸到社会的生态环境制度、生态环境服务。作为物质变换的第四层次——人与自然之间物质变换的产物，生态公共产品还可以是辅助人类废弃物分解、还原、净化以及反哺、保护自然的生态环境设施、工具手段。这些产品不仅具有具体的物的有用性或使用价值，而且"从理论领域来说……一方面作为自然科学的对象，一方面作为艺术的对象，都是人的意识的一部分，是人的精神的无机界，是人必须事先进行加工以便享用和消化的精神食粮；同样，从实践领域来说，这些东西也是人的生活和人的活动的一部分。人在肉体上只有靠这些自然产品才能生活，不管这些产品是以食物、燃料、衣着的形式还是以住房等等的形式表现出来"①。因此生态公共产品因含有人的劳动而能够产生特定的经济价值、社会价值和精神价值，甚至说这是一种基础价值或元价值。它应当能更真实地使人相信："效用和美丽绝对不是不相容的，以及愉悦可以伴随着财富而增长。"②

总之，生态公共产品为人的生产与生活创造了第一位的生产条件，其生产能力和生产关系在整个社会生产方式中都具有优先性。生态公共产品的生产、交换、分配等活动应当被视为影响社会制度、社会结构甚至政治变革的最基本因素。这种因素的影响，在生态破坏、环境污染或极端环境事件等人与自然之间以及社会结构内部物质变换断裂的情况下最为明显。

第二，生态公共产品的功能是多样的。生态公共产品结构层次的

---

① 《马克思恩格斯文集》第 1 卷，人民出版社 2009 年版，第 161 页。
② [法] 让·巴蒂斯特·萨伊：《供给的逻辑：政治经济学概论》，黄文钰、沈潇笑译，浙江人民出版社 2017 年版，第 92 页。

复合性，以及人类实践活动的丰富性，决定了生态公共产品在应用功能上的多样性。首先它有生产功能。它不仅直接为人生产出生活资料，还生产出劳动对象、劳动工具等生产资料，更要为生产资料的不断消耗进行补偿，为生产规模的扩大进行追加。其次它有安全功能。给人类和非人类生命提供重要的优良栖息地，维持整个生态系统的循环平衡、物种多样性和可持续性，从而为人提供稳定可靠的生态与环境安全基础。再次它有管理功能。比如生态环境管理制度政策的制定与执行，对生态公共产品在社会内的分配、使用及其生产和再生产等环节进行协调、规制，保障生态公共产品本身的品质，维持社会正义和公序良俗。复次它有保障功能。为生态环境弱势群体提供福利救济，为生态环境脆弱地区提供紧急援助，使这些脆弱的人群和地区获得基本的生态和社会条件保障。当然，安全、正义、保障等功能总体上可以归结为一种生产基础上的分配或再分配功能。最后它有消费功能。或者是一种直接使用的功能。生态公共产品为人提供旅游观光、游泳、垂钓、休憩、自然体验等休闲效用，使人的身体与精神的各项机能得到合理调节与改善。当然，在生产、交换、分配、消费的整个或总体生产中，生产是相对占有更重要位置的环节，因为"发展生产力，发展生产的能力"可以说"既是发展消费的能力，又是发展消费的资料"，"消费的能力是消费的条件，因而是消费的首要手段，而这种能力是一种个人才能的发展，生产力的发展"[①]。

在更宏观层次上，生态公共产品的功能还可以按不同领域归结为生态、经济、政治、文化等功能。但无论如何，各种功能在社会中的

[①] 《马克思恩格斯文集》第8卷，人民出版社2009年版，第203页。萨伊也曾提出"生产给产品创造需求"的观点，认为生产活动越积极产品的总体需求就更多。因此，激励生产应当是贤明政府的目的。在每个社会，生产者越多，产品就越多元化；每个人都和整体的繁荣利益相关，一个产业部门的成功会促进其他产业部门的成功；仅仅鼓励消费对于商业是没有好处的，困难不在于刺激消费的欲望而在提供消费的手段，而生产本身会提供这些手段。尽管马克思本人曾对萨伊的许多政治经济学观点提出批评，但在对生产或生产端的重视上，应当说他们是有很大一致性的。参见[法]让·巴蒂斯特·萨伊《供给的逻辑：政治经济学概论》，黄文钰、沈潇笑译，浙江人民出版社2017年版，第100—107页。

先后排序情况，从主观上说，要受到我们社会各阶层、各区域对人与自然之间辩证统一关系或交互作用的理解程度及其一致性的影响。客观来看，更受到自然对人类反作用结果以及这种结果在社会各阶层、各区域传递出的威胁性、紧迫性等外在形势的推动。

第三，生态公共产品的提供机制是一个囊括需求、供给、生产、消费、成本、价格、利润、资本、产权以及科技、管理等众多要素的系统体系。但由于社会各阶层各地区生产生活的历史境域不同，它们对生态公共产品的价值评价与需求偏好会有很大差异，这就要求政府作为完成生态公共产品提供任务的整体组织者，必须重点做好生态公共产品供需管理工作，在甄别有效需求的基础上科学安排各种生产要素、手段与过程，实现供给与需求协同管理。一是坚持马克思主义总体生产观，充分联合政府机关、企业、基金会、专业服务机构、合作社、群众自治组织、志愿者等不同领域不同阶层的自然人、法人和非法人组织，形成各种形式的联合体，充分发挥资本、产权引动"社会力量""共同活动"的作用，构建分类分层、主体多元、联合生产、功能互补的生态公共产品整体供给制度。二是坚持马克思主义人与自然相和谐的消费观，加强生态公共产品消费引导体系、权责和保障体系建设，重在增强生产能力培养和保护公民的生态消费能力，避免异化消费，形成自觉理性、定责赋能、善再分配、健康友好的生态公共产品消费制度。三是坚持马克思政治经济学生产、交换、分配、消费的统一观，注重生产的决定性及其他要素的反作用和相互作用，利用现代信息技术或大数据优势建立生态公共产品供需数据库，形成反应灵活、系统追溯、合理调节、循环流畅的生态公共产品供需调控体制。

第四，提供量足质优的生态公共产品是社会主义生态文明优越性的重要体现。生态公共产品以人为本，着力实现"人和自然的统一"①，最大程度恢复和促进人与自然、社会的有机物质变换，通过

---

① 《马克思恩格斯文集》第 1 卷，人民出版社 2009 年版，第 529 页。

联合生产、合理调节、共同控制和社会共享，消除私有制造成的人的异化进而消除人与自然关系的异化。生态公共产品具有促进人和自然双向互动建构，满足经济、社会、环境当代需要和可持续发展需要的有用属性，能更平衡更充分地满足国家治理乃至全球治理中各地区各阶层对美好生活的追求，维护环境公平正义。生态公共产品作为人与自然的共同财富，是人尊重自然、顺应自然、保护自然的智慧产物，可以促使社会在更高的基础上从"商品共识"回归"产品共识"，回归"共同体"。社会主义生态文明作为解决人与自然关系难题，解决资本主义生产方式与其生产条件之间矛盾的制度安排，必然要把紧密结合社会实际需求提供量足质优的生态公共产品当作自己的立足点和现实基础。改善生态环境即发展生产力、维护和发展物质变换力，创新生态文明体制即变革生产关系、变革和调整人与自然关系，一个社会主义生态文明国家提供的生态公共产品，由于不是建立在狭隘的资本增殖和异化的私有财产基础上，就天然具备成为人、自然与社会共同福祉的优势条件。因此，它不仅是本民族的，同样是有益世界的。

第五节　生态公共产品的马克思主义方法

马克思主义的生态公共产品研究方法，既应注重对传统方法的继承，也要注重当下进展基础上的不断创新。

其一，历史分析与现实反思相结合。这是生态公共产品研究首要坚持的方法。纵观中华人民共和国成立以来我国的现代化、工业化历程，或者从环境问题的认识、政策与情境变迁都可以看出，环境污染问题早已产生和存在，并且也曾在政界形成一定的危机感，但提供优质生态公共产品和公共服务的问题并没有凸显于国家政治议程的中心位置，而是处于议题边缘，更难对地方政府和各类经济行为体产生政策约束力。而以公共产品公共服务的概念范畴进行环境治理和生态保护，直到新世纪以后才大量出现。所以有必要对国家生态环境管理思想和政策的发展历史、治理成效，与不同历史进程历史境域下的现实

第四章 生态公共产品的马克思主义分析

需求特点统一起来进行思考,如此方能找到问题症结、矛盾所在。

其二,理论研究与实践案例相结合。前文已经述明,西方的理论话语和制度安排并不一定适合中国土壤。尽管从整体上看"人类历史的起源相同,经验相同,进步相同"①,但每一个分支又都有它自己的进程特点。作为世界上少有的存续五千年的文明,中国有着不同于西方的历史土壤、社会情感、思维模式。这就需要通过文献解读,搞清楚能否通过马克思公共产品思想、马克思环境思想、马克思唯物史观与分析方法等的有机融合,形成适合中国语境的研究视角。更要针对性地分析总结中国的实际情况、实践案例经验,从抽象上升到具体,从中国的现实出发或以中国的实践为检验真理的标准,形成可以遵循的生态公共产品与服务体制机制改革创新思路。

其三,系统研究和结构分析相结合。生态公共产品公共服务的具体制度建设、机制建设需要对多层次多方面要素进行集成研究。围绕其资源配置展开的生产、融资、分配等互动过程,有国家的、地方的也有社区层面的;有城市化潮流或新型城镇化进程驱动也有农村农业现代化、乡村振兴战略需求;有政府的、企业的也有不同阶层的群体行为、集体行动;有解决环境污染、实现环境安全等现实需求也有更广泛权利责任意识的觉醒、美丽中国的愿景追求;有自利动机也有公共利益诉求。因此需要把宏观系统角度和具体对象角度充分结合起来,把性质概说与结构分析结合起来进行研究。

在上述基础上树立马克思主义生态公共产品观,继承和发展应用马克思主义重大思想理论研究成果,要从社会生存发展的共同需要而不是市场失灵出发思考公共产品问题,从使用价值而非交换价值、从整体生产系统而非单纯的个人消费思考公共产品服务运作机制。从而将生态公共产品的元价值、穷人弱者的环境权益、不同政府和行动者的职责体系,进一步说,把生态公共产品的生产方式和相应社会条件

---

① [美]路易斯·亨利·摩尔根:《古代社会》上册,杨东莼、马雍、马巨译,商务印书馆1981年版,序言 i。

作为关键节点,把协同供需管理制度作为突破口,改革完善政府生态公共产品公共服务提供机制,理顺自然资源资产产权政策、生产要素政策、市场政策、产业政策、财政政策等配套条件。这对深化生态文明体制机制改革和制度创新,实现顶层设计有序落地具有重要现实指导作用。

第五章　生态公共产品的实际影响因素

　　人首先是自然存在物，但人的自然史更表现为社会史。生态公共产品的提供活动，从人与自然关系的唯物性或物质变换意义上说，是把人对自然界的关系重新回归历史重要地位、恢复自然界与历史的有机统一关系的活动；在具体实践上，它是在每一阶段所遇到的"生产力、资金和社会交往形式的总和"等现实历史环境下进行的活动。[①]因此，提供生态公共产品作为一种"现实的生活生产""直接生活的物质生产"或"生产物质生活本身"的活动，不仅受生产方式制约，更受这种直接生活的物质生产活动中形成的社会交往形式的制约。[②]在现实历史环境下，自然资源资产产权、资金、劳动、技术等生产要素安排，价格制度（收费、补偿）、企业制度等市场要素安排，一定的社会主体对公共产品的价值诉求和消费能力、生产能力，政府对公共产品的激励监管机制等，都会对生态公共产品的供需活动造成很大影响。本章将结合生态公共产品的具体提供案例对这些实际要素进行重点分析。

---

　　① 《马克思恩格斯文集》第 1 卷，人民出版社 2009 年版，第 544—545 页。
　　② 《马克思恩格斯文集》第 1 卷，人民出版社 2009 年版，第 545 页、第 544 页、第 531 页。

第一节　公平普惠的价值诉求与生态能力

首先,"良好生态环境是最公平的公共产品,是最普惠的民生福祉"①。公平、普惠是社会对生态公共产品的基本价值诉求。公平,在这里不仅体现为所有人都有对良好地球栖息地和生产生活居住环境的追求权利,体现为任何人都不可能在深重的环境危机中独自幸免,任何人首先都要靠自然条件才得以生存,更体现在弱势阶层或群体的环境权益保障和环境公平上。与此相应,普惠,不仅体现为所有人、行业、部门都可能从生态环境保护与建设中获益,更体现为弱势阶层、群体因特殊的生态环境条件改变困窘、实现自我发展,同样过上美好生活的可能性。

其次,各社会阶层有没有相应的生态消费能力。"消费的能力是消费的条件,因而是消费的首要手段"②,由此,生态消费能力是消费生态产品、更是生态化绿色化地消费产品的能力,是具备实现条件的有效消费需求。在现实交换方式下,除了表现为有没有供以购买生态消费品的货币条件或支付能力以外,它还表现为相应的诉求、辨识、内化能力。比如有无安全健康生态环保产品服务诉求,有无这方面的相应知识技巧储备,有无实际的货币支付能力,对生态产品服务结果的认同感受等。

第三,消费力受到生产能力和交换、分配关系的制约。生产是个总体、统一体,但从具体环节看,生产是出发点,生产决定消费和消费反作用于生产,交换、分配中介着生产和消费。因此一方面,"发展生产力,发展生产的能力,因而既是发展消费的能力,又是发展消费的资料"③。消费的能力归根到底"是一种个人才能的发展,生产

---

① 《习近平在海南考察:加快国际旅游岛建设 谱写美丽中国海南篇》,《人民日报》2013年4月11日第1版。
② 《马克思恩格斯文集》第8卷,人民出版社2009年版,第203页。
③ 《马克思恩格斯文集》第8卷,人民出版社2009年版,第203页。

力的发展"①。但另一方面，在资本主义主导的、以资本为基础的既有生产方式下，社会消费力并不单纯或狭隘地"取决于绝对的生产力，也不是取决于绝对的消费力，而是取决于以对抗性的分配关系为基础的消费力"②。因为社会中的产品一经完成，便在"生产者和产品之间出现了分配"，"生产者对产品的关系就是一种外在的关系，产品回到主体，取决于主体对其他个人的关系"③。并且，这种以资本为基础的生产方式以及以产品作为使用价值的生产还受到它能否实现交换价值和总是最大化剩余价值、最小化必要劳动与必要消费资料的限制。④ 就是说，在现有的以资本为基础的生产方式和货币为中介的交换方式下，一定的阶层或群体，如果没有相应的生产商品产品换取货币的能力，又没有相应的分配或再分配体系保障其生产和再生产能力，那么，他将很难具备有效的生态消费能力。而无论是把必要劳动压缩至最低，还是把表现为货币的剩余劳动、剩余价值扩至最大，都有可能扩大作为劳动实质的良好的人与自然物质变换关系的裂缝。

基于以上所述，要实现公平普惠的生态公共产品提供，应当注意以下问题。一是保障基层民众特别是弱势阶层群体具有相应的生态产品生产能力、消费能力。二是尽量减少不必要的、有损公平普惠价值实现的分配和交换环节，从而在一定程度上促进某一社会主体"保持对自己生产过程的社会效果的控制"⑤。三是在一定程度上合理调节和恢复生态产品的使用价值，使之在公共态、共有态和市场态之间实现良性循环。

下文具体结合内蒙古库布齐沙漠治理、浙江省龙泉市竹垟畲族乡

---

① 《马克思恩格斯文集》第8卷，人民出版社2009年版，第203页。
② 《马克思恩格斯文集》第7卷，人民出版社2009年版，第273页。
③ 《马克思恩格斯文集》第8卷，人民出版社2009年版，第18页。
④ 《马克思恩格斯文集》第8卷，人民出版社2009年版，第97页。
⑤ 《马克思恩格斯文集》第4卷，人民出版社2009年版，第130页。

良溪村水生态保护案例进行分析。①

内蒙古库布齐沙漠是目前国内甚至世界少有的实现总体治理、绿进沙退的沙漠。治理面积超过6000多平方公里，占库布齐沙漠1.86万平方公里总面积的1/3以上，绿化面积达到3200多平方公里，森林覆盖率、植被覆盖度分别由2002年的0.8%、16.2%增加到2016年的15.7%、53%，生物种类由过去十几种增加到530多种，沙区农牧民人均收入由不足400元增长到1.5万多元，以往持续恶化的沙漠地区生态环境实现了"整体遏制、局部好转"的历史性转变。②可以说，库布齐治沙为世界防治荒漠化、实现土地退化零增长目标贡献了中国智慧、中国方案、中国模式。联合国环境规划署、联合国防治荒漠化公约秘书处对库布齐沙漠治理成就高度认可，联合国环境规划署于2014年将库布齐沙漠生态治理区确立为"全球沙漠生态经济示范区"，2017年联合国防治荒漠化公约第十三次缔约方大会在中国鄂尔多斯市召开，2018年中国因此首次担任联合国防治荒漠化公约主席国。

在40余年的治沙过程中，当地治沙人逐步探索出一种政府政策性支持、企业产业化投资、群众市场化参与、科技持续性支撑的治沙模式和机制，走出了一条绿富同兴的治沙道路。其中的一个亮点是，生态与当地经济、基层民生通过"公司+基地+农户"方式很好地融合到了一起。原来很多因沙漠灾害迁移它处甚至被称为"生态难民"的农牧民又被治沙经济治沙产业吸引回来，纷纷投入造林治沙、药草种植、生态光伏、板间养殖、生态旅游、生态牧业、生态工业等沙漠经济行业中去。据统计，当地活跃着大约232支造林民工联队，

---

① 作者于2017年7月底、2019年1月初考察走访库布齐沙漠腹地达拉特旗恩格贝镇、杭锦旗独贵塔拉镇以及道图嘎查牧民新村、亿利资源集团七星湖和恩格贝沙漠科技园区等地，了解沙漠治理技术、资金及其企业和产业化运营情况。2019年1月底走访浙江省金华市龙泉竹垟畲族乡良溪村，考察水生态治理情况。

② 武卫政、刘毅等：《十八大为亿利库布其治沙吃了定心丸》，内蒙古沙漠生态保护促进会主办内部刊物《沙漠世界》2018年第5期。

人数达 5800 多人，他们承包沙地，植树造林，种植养殖。联合国环境规划署发布的《中国库布其生态财富评估报告》指出，库布齐沙漠治理累计为群众提供就业机会 100 多万人次，带动 10 多万人脱贫致富。① 有的村子比如位于库布齐沙漠腹地的官井村还成立了当地首家林业类专业合作社，用国家政策补贴引导村民治沙造林，再通过市场对接和政策分析开发林业资源并发展林业经济。② 作者调研的库布齐沙漠地区杭锦旗独贵塔拉镇道图嘎查村，农牧民通过经营沙漠旅游、发展"牧家乐"、养殖牛羊马骆驼，以及参加民工联队造林等，每年收入可达 10 多万元，有的甚至在旅游旺季能挣 30 多万元。可以说，实现了所谓"国家要生态、企业要利润、农牧民要收入"的"三赢"局面。③ 在整个的生态治理参与、生态经营过程中，对比愈益改善、趋向美好的变化过程，当地基层农牧民对生态价值、生态环境重要性的体验非同一般。他们的积极性得到充分激发，生态生产能力被充分释放，由此带来的生态消费意识和能力、公平性与普惠性等得以充分凸显。

其次是浙江省龙泉市竹垟畲族乡良溪村水生态保护的例子。龙泉属于金华市代管县级市，在生态保护工作方面取得了一定成绩，尤其是水生态保护方面，竹垟畲族乡良溪村案例只是其一个典型缩影。良溪村村委会与龙泉市的水濒危野生鱼类合作社进行合作，签订承包协议，将村里的溪水以一定价格承包给合作社放养石斑鱼，并由合作社负责溪水河道清理、保护、建设工作。石斑鱼对水生态环境要求很高，没有高质量的自然水体无法成活，由此溪水水质与河道生态保护是合作社生态经营成功的必要前提。为保护水质，合作社不仅与村民

---

① 武卫政、刘毅等：《十八大为亿利库布其治沙吃了定心丸》，内蒙古沙漠生态保护促进会主办内部刊物《沙漠世界》2018 年第 5 期。
② 张凯航：《风沙变风景 黄沙变黄金——库布齐沙漠上的绿色追寻》，内蒙古沙漠生态保护促进会主办内部刊物《沙漠世界》2018 年第 5 期。
③ 内蒙古沙漠生态保护促进会：《科技创新是稳定、高效、持续治沙的根本——专家谈 30 年库布齐沙漠治理实践》，内蒙古沙漠生态保护促进会主办内部刊物《沙漠世界》2018 年第 5 期。

达成一定形式的河道管护协议，更给村民每人三四十元的补贴，看到污染行为或捕鱼行为加以制止，就能得到一定实惠甚至奖励。这对生于斯长于斯的当地普通村民来讲是一件非常意外的事，实际上更是一个极为重要的自然生产力、生态消费力的成长体验过程。更为重要的是，当地还从事着专业化的木耳等生态农产品养殖，生态养殖生产已成为当地村民的重要收入来源。

可以说，在上述两个案例中，多样化的生态生产与生产力，可以逐步带来生态消费力提高，带来环境公平与普惠效果。形成这样的自然生产力或生态生产力、生态生产方式，实际上也是形成基层社区群众自身可持续安全健康生存的自然条件、物质变换条件，自然会进一步引动相应的各类资源交换、分配和社会交往关系的变化。这些交换、分配形式等只是生态生产方式的另一面，也是由它决定的。

第二节　有机融合的生产要素安排

资本、劳动、技术、土地所代表的自然资源资产等生产要素，在生态公共产品的生产中发挥着重要作用。但这里需要注意的是，在生态公共产品或者生态产品的生产中，这些要素都不可以单独发挥作用。其重点在于能否实现有机结合。这些生产要素有机结合的路向、速度、程度、质量，甚至可以说决定着生态生产方式的生成与发展。

第一，资本或资金，从融资的角度看，对作为公共基础设施的生态产品、生态系统服务生产来说，已不是单独投资方能力所及。仅从当前社会流行的所谓"融资"这一称谓即可见一斑。实际上正如马克思指出的，资本已经越来越成为一种"社会力量"和"集体产物"，它"只有通过社会许多成员的共同活动，而且归根到底只有通过社会全体成员的共同活动，才能运动起来"[①]。实践案例表明，生态公共产品提供中的融资过程，往往是经济效益、社会效益、生态效

---

① 《马克思恩格斯文集》第 2 卷，人民出版社 2009 年版，第 46 页。

益的多元统一过程，是全社会的公共态、地方社区性的共有态、生产经营者或消费者的市场态的循环转换结合过程，数量较大、回收期长、持续性强，因此更需要国家资本、企业自身资本，或更多其他形式社会资本的结合。当然，这里也有一个路向、程度或承载力的问题，就是说，资本或资金必定是用于生态生产方式、交换方式的手段，而不是相反。

第二，劳动仍然是生态公共产品生产服务的主要源泉。生态产品服务也是产品，是劳动与自然关系的变换结果。甚至说，自从有人类劳动以来，尤其是现代工业革命以来，自然已经无可避免地受到人类劳动的各种直接间接影响，已经在一定意义上成为人类劳动作用的结果。正像马克思所说："动物和植物通常被看做自然的产物，实际上它们不仅可能是上年度劳动的产品，而且它们现在的形式也是经过许多世代、在人的控制下、通过人的劳动不断发生变化的产物。"[1] 因此大都带着过去劳动的痕迹，无论好的还是不好的，暂时确定的还是长久来说难以预料的。所以，生态公共产品的提供，离不开有益生态环境或有益自然的劳动。如果把生态公共产品也视为财富——社会可持续生存与发展最基础性的公共财富、自然财富，那么，仍然可以说，劳动是财富之父。

第三，科技是生态公共产品生产劳动的技巧手段。无论是生态产业化还是产业生态化，在现代生产方式和交换方式中都依赖于生态科技手段。当前生态公共产品提供实践中的现代资本和复杂劳动，或者说固定资本和流动资本，如果撇开激进地回到原始方式不说，与以往生产劳动相比，其无疑更具有创新性、甚至颠覆性。科技创新的力量，甚至比过去更加鲜明地包括在固定资本和流动资本当中。一方面，它作为生态生产资本创造有助于促进人与自然物质变换循环的新使用价值、新价值的创造；另一方面，它促进重新恢复人与自然有机统一关系的、新的劳动结合与社会结合体系的形成。在绿色发展和生

---

[1] 《马克思恩格斯文集》第5卷，人民出版社2009年版，第212页。

态导向社会形式下的科技创新与应用，或者说生态文明导向下的科技创新应用，由于路向不同，与其在传统工业文明时代的"资本主义应用"或"社会使用形式"有着重大差别。① 这里的"物质变换的科学的应用"，不仅使"这种物质变换能加以最有利的调节以造福于整个社会体"②，而且还要进一步重新造福于社会体所占用、所依赖、作为社会体的躯体的自然。

第四，自然作用物是生态公共产品生产的主要劳动对象和原料来源，在不同所有状态下可以转变成交换价值。与土地全民所有（公共所有）制相比，集体所有制、个人所有制形式下的自然作用物，或与国际、全球尺度相比，一国所有制形式的自然作用物，更容易被视为自然资源资产，更具有交换价值的可能性。一方面，不同土地上的自然作用物或自然条件，对生态产品的劳动生产率有不同影响，良好的自然条件可以大大提高生态产品的劳动生产率。另一方面，不同土地及其不同所有制下的自然作用物或自然产出不以交换为中介便无法获取，因而具有一定的稀缺性。因此，生态公共产品生产中的"自然作用物，例如水、土地（特别是这土地）、矿藏等等"，同样因为它们以不同的土地所有制形式"被占有，从而具有交换价值，因此作为价值列入生产费用。总之，这就是要加上土地所有制（包括土地、矿藏、水）"③。或者在生态公共产品生产中仍然可以说，土地是财富之母，必须对土地所有制及其不同状态下的自然作用物应用形式格外加以重视，使之有合理调节的一定弹性或灵活性。

在库布齐沙漠治理中，国家政策性资金、产业资本、社会公益资金、农牧民参与、植树育种等生态科技创新、沙地承包流转等动因的有效结合无疑是生产要素有机融合的最好说明。自1998年国家实施天保工程、退耕还林、退牧还草和京津冀风沙源等重大治理工程以

---

① 《马克思恩格斯文集》第5卷，人民出版社2009年版，第493页。
② 《马克思恩格斯文集》第8卷，人民出版社2009年版，第196页。
③ 《马克思恩格斯文集》第8卷，人民出版社2009年版，第204—205页。

来，已向库布其治沙投入多达28亿元资金，其中投给鄂尔多斯市杭锦旗15亿，占该旗总投入的80%；达拉特旗13亿，占该旗总投入的70%以上。① 在国家政策性扶持引导下，当地治沙龙头企业亿利资源集团30年来产业性投资380多亿，公益性投资30多亿。② 在国家、企业和社会公益资金带动下，当地农牧民积极投入，比如达拉特旗农民三兄弟投资4亿多元承包银肯塔拉10万亩沙地发展生态旅游等。③ 有了各种资金扶持与投入，当地发展起200多支造林林工队或民工联队，发展起各种沙漠产业园、沙漠种植园、沙漠旅游、牧家乐等，带动了当地产业发展和就业。为了提高沙漠造林成活率，延展相应沙漠产业链和提高附加值，当地又成立了相应的沙漠研究院、沙漠苗种研究中心等，开发出微创气流种植、让甘草横着长的平移栽种、苦咸水治理与综合利用、光伏提水灌溉、原位土壤修复、飞播和无人机治沙技术等新方法；采用新方法后植树效率比以往提高了60多倍，成活率超过90%。④ 并且在当地治沙企业和民工联队的努力下，这些技术和产业相应拓展到新疆、西藏、甘肃、青海、河北、云南等地，甚至输出到中亚、非洲。为了提高企业和农牧民甚至社会人士的治沙积极性、稳定性，土地政策也从改革开放初期实行的"谁种谁有、允许继承""允许单位和个人到农村牧区承包五荒"，经过"立草为业、舍饲精养、为养而种、以种促养""禁牧、休牧、划区轮牧"，变为现在实行的"生态优先、绿色发展"，并且允许土地、沙地承包和流转置换等。⑤ 亿利集团推出了沙地承包制，以2000元一亩的价格将集中

---

① 李仁虎、柴海亮等：《绿富同兴画卷在沙海中铺展——库布齐沙漠生态治理纪实》，内蒙古沙漠生态保护促进会主办内部刊物《沙漠世界》2018年第5期。
② 张凯航：《风沙变风景 黄沙变黄金——库布齐沙漠上的绿色追寻》，内蒙古沙漠生态保护促进会主办内部刊物《沙漠世界》2018年第5期。
③ 李仁虎、柴海亮等：《绿富同兴画卷在沙海中铺展——库布齐沙漠生态治理纪实》，内蒙古沙漠生态保护促进会主办内部刊物《沙漠世界》2018年第5期。
④ 翟天雪：《"绿色奇迹"库布其》，内蒙古沙漠生态保护促进会主办内部刊物《沙漠世界》2018年第5期。
⑤ 张凯航：《风沙变风景 黄沙变黄金——库布齐沙漠上的绿色追寻》，内蒙古沙漠生态保护促进会主办内部刊物《沙漠世界》2018年第5期。

连片的沙地承包给种植者，位于七星湖旅游区的道图嘎查牧民新村也是由原村土地置换而来，等等。

其次是中新天津生态城和浙江嘉兴环保产业园案例。中新天津生态城位于天津滨海新区，由新加坡和中国合作开发建设，从2008年至今已发展10年。这其中，中方主要是提供政策性扶持，比如供给土地等，当然主要是利用原来生态环境条件恶劣的海岸带盐碱荒地、废弃盐田、污染地等进行生态化升级改造；由新加坡方面根据生态优先生态修复原则出项目、出技术、出设计、出方案、筹资金。可以说这种联合模式对推进滨海新区建设以及当地生态环境改善起到了重要作用。双方合作10年，生态城发展起绿色建筑、生态科技园、生态产业园、生态信息园、国家动漫园等产业，吸引3000多家北京企业落户投资；并持续广泛地建设生态社区，建设新型社区服务体系以充分共享公共服务资源，可以说已发展为资源节约、环境友好、社会和谐的生态之城、宜居之城、智慧之城、和谐之城。①

浙江嘉兴则通过政、产、学、研合作建设环保产业园、环保医院等，构建起政府—企业—公众三方环境治理平台，形成了所谓的环境治理"嘉兴模式"。环保产业园依托"科学家在线"1100万专家大数据资源搭建在线环保治理云平台，可实时采集嘉兴市全市产废数据和环保需求，通过精准匹配全国环保专家技术方案，进而为园区相应环保治理企业推送相关信息，为产废企业精准提供治理方案和服务。这种产业园区模式既为环保技术提供了市场空间，当然同时也为环境执法和管理部门提供了过程监管和执法依据。② 环保医院则与同济大学合作建立环境体检中心、环境应急、环境咨询、生态规划、大气和水污染防治、土壤生态修复等科室，实现像医生给病人看病一样为嘉兴

---

① 作者于2018年12月两次考察走访中新天津生态城，了解生态城规划与运营情况。还可参见天津生态城门户网站：《中新天津生态城简介》，https://www.eco-city.gov.cn/yx-stc/，2019年3月19日。

② 蔡华晨、彭佳园：《嘉兴：产学研合作开启环境治理新模式》，《中国环境报》2018年6月22日第5版。

环境问题把脉诊断、提供咨询方案、优选环保服务供应商。① 应当说，在生态产品服务的供、需、管、治等多方之间形成了有效的联合机制。

从上述成功案例来看，资本、劳动、土地、技术等生产要素在生态产品服务提供中都通过一定的模式、机制实现了较好的融合。很难说，某个要素在其他要素缺乏的情况下能够单独起作用。当然，在劳动和土地等自然作用物要素普遍具备的条件下，较为关键的是启动资金、支撑技术；在劳动、土地等自然作用物条件恶劣的情形下，通过资金和技术方式对其进行合理调节变换的重要性更加凸显。

第三节 经济社会环境多赢的市场要素安排

从理论上说，"市场是流通领域本身的总表现"②，因此与前述生产要素组成的生产领域不同，它主要通过一系列买者和卖者或消费者和出售者构成。相应地，"市场的大小有两层意思：第一，消费者的数量，他们的人数；第二，也包括彼此独立的行业的数量"③。这些要素在现实的买卖过程或行业运作中，或者说在现实的市场交换方式中，集中性地体现在两个方面：价格、企业。价格高低影响市场供求或买卖的数量、成本、收益，企业素质影响市场买卖效率和交易质量，进而影响通过市场进行的、作为消费者或出售者出现的生产要素的配置效率和质量。在普遍的市场化交换方式下，生态公共产品的生产提供也难免受到价值规律或价格机制、企业制度的影响。

诚如前文所述，生态公共产品尽管可以被称为公共产品，但对其他地域的消费者来说实际上属于稀缺物品，具有稀有性，它只有通过特殊的交换或交往中介、联系或体验方式才能获取到。因此，它不仅

---

① 蔡华晨、彭佳园：《嘉兴：产学研合作开启环境治理新模式》，《中国环境报》2018年6月22日第5版。
② 《马克思恩格斯全集》第49卷，人民出版社1982年版，第309页。
③ 《马克思恩格斯全集》第26卷第3册，人民出版社1974年版，第296页。

直接作为人类劳动产品或通过许多世代人类劳动影响不断发生变化的产物而具有使用价值，而且也因其只有通过交换方式或特殊交往体验形式才能获取到而具有交换价值，或者说它在人与自然关系物质变换循环中承担着基础性的职能分工，因而具有价值。那么，它的生产提供或供求活动同样可以通过价值规律或市场价格机制来调节。它的生产费用同样可以按照马克思所说的三个层次来审视，即生产者预付的成本费用即成本价格、因行业关系调节或调整形成的平均利润决定的生产费用即生产价格、加上生产劳动后的实际价格即产品实际价值。①因此，对于生态公共产品的生产提供来说，如果没有一定的利润甚至利润太少，企业或企业形式的生产者、提供者的动力就会受到极大影响。诚如马克思所说："一种新的生产方式，不管它的生产效率有多高，或者它使剩余价值率提高多少，只要它会降低利润率，就没有一个资本家愿意采用。"②当然，在社会主义市场经济或社会主义生态文明场域中，这种情况将受到极大制约。

另一方面，企业是行业、产业的组织细胞，以企业或企业化的形式组织生产资源、生产要素，可以促进行业产业的迅速发展，可以在更大程度上减少个体生产者、消费者之间的不必要摩擦和复杂交换。而越是减少各种生产和消费间的分离，发生经济危机的可能性就会越低。正如马克思指出的："不论哪一个社会，只要它不消灭单个人之间的交换，它便不能长久保持对它自己的生产的支配，不能长久保持对自己生产过程的社会效果的控制。"③无论对自然还是社会来说，或者对人与自然物质变换关系、人与自然有机统一关系来说，其实质同样如此。因此，以所谓企业公司（集团）、合作社或其他类似联合形式设立生态公共产品服务组织，有助于增加生态产品服务生产与提供的有序性、有效性，把相应产品服务提供的成本、效益统一在特定

---

① 《马克思恩格斯全集》第26卷第3册，人民出版社1974年版，第570页。
② 《马克思恩格斯文集》第7卷，人民出版社2009年版，第294页。
③ 《马克思恩格斯文集》第4卷，人民出版社2009年版，第130页。

形式的共同体中。

在库布齐沙漠治理案例中,亿利资源集团无疑发挥了重大带头作用。在亿利集团的带动下,伊泰、东达等许多企业都投入到了治沙产业。他们通过市场化运作方式,把沙地、造林等不同生产资源或项目以市场价形式承包给当地民工联队或农牧民,许多农牧民每天种树可以获得120—200元不等的报酬,甚至这些种树工人或其他作业工人还有许多是从其他省份招来的。这里的生态修复环境治理,企业利润和工人收入是共赢的,对国家或社会整体来说,生态效益也得到了实现。

另一个较有特点的是,金锣集团担任山东省临沂市柳青河"河长"治理黑臭水体案例。2017年,临沂市河长制办公室委任当地大型农业企业金锣集团为柳青河"企业河长",利用金锣集团新开辟的水务板块业务——金锣水务有限公司力量协助建立柳青河流域联动管理格局。该公司通过全方位倒排倒查污染源头,在污染点源安排116台日处理能力300吨的金锣静水系统实施"点穴式"治理,进一步通过更大型静水系统对支流河道锁定节点深度静化,立足整体流域区域和工业园区建立日处理量4万吨的柳青河污水处理厂、再利用1万亩荷塘湿地进一步静化处理后的污染和初期雨水,实现全流域治理目标。同时利用现代远程信息技术,所有节点静化设备都能在金锣集团总部监控中心实现远程操控。而且这个监控中心还与天网工程等联网共用,实现了与公安、环保、环卫等部门互联互动,全天候对移动排污、倾倒垃圾等行为进行监控。从2018年5月开始,相关节点还开始为临沂环卫集团洒水车提供喷洒用中水。目前金锣静水系统与一体化治理模式已经在北京、山东、浙江、福建、云南等十多个省市得到300多处应用。①

在以上案例中,通过企业组织带动各种生态公共产品生产要素,

---

① 徐卫星、周雁凌、季英德:《让企业当河长治理黑臭水体》,《中国环境报》2018年6月20日第7版。

通过价格机制调整引导资源配置用途和流向，可以实现生态公共产品生产和提供的专业化。事实上也可以发现，更大的企业联盟或联合式组织体系，有助于更大程度地促进市场态、共有态、公共态的有效协同转换，通过合作而非单纯的竞争实现社会成本、私人成本或社会效益、私人收益、生态效益的统一。当然这里也有一个前提，就是坚持绿色发展导向和国家参与的调节作用。

第四节 合理稳定的政府激励与监管

马克思恩格斯指出："每一历史时代主要的经济生产方式和交换方式以及必然由此产生的社会结构，是该时代政治的和精神的历史所赖以确立的基础，并且只有从这一基础出发，这一历史才能得到说明。"① 因此社会主义社会的历史"不是一种一成不变的东西，而应当和任何其他社会制度一样，把它看成是经常变化和改革的社会。它同现存制度的具有决定意义的差别当然在于，在实行全部生产资料公有制（先是国家）的基础上组织生产"②。同样，"共产主义不是教义，而是运动。它不是从原则出发，而是从事实出发。共产主义者不是把某种哲学作为前提，而是把迄今为止的全部历史，特别是这一历史目前在文明各国造成的实际结果作为前提"③。它们首先需要"在资本主义时代的成就的基础上，也就是说，在协作和对土地及靠劳动本身生产的生产资料的共同占有的基础上，重新建立个人所有制"④，或者说"改造为联合起来的、社会的个人的所有制"⑤。甚至如恩格斯所说，如果未来社会能按实有资源和整体社会需要来制定计划管理

---

① 《马克思恩格斯文集》第 2 卷，人民出版社 2009 年版，第 14 页。
② 《马克思恩格斯文集》第 10 卷，人民出版社 2009 年版，第 588 页。
③ 《马克思恩格斯文集》第 1 卷，人民出版社 2009 年版，第 672 页。
④ 《马克思恩格斯文集》第 5 卷，人民出版社 2009 年版，第 874 页。
⑤ 《马克思恩格斯文集》第 8 卷，人民出版社 2009 年版，第 386 页。

"一切生产力和交换手段的支配权"以及"对产品的交换和分配权"①,"由社会全体成员组成的共同联合体来共同地和有计划地利用生产力;把生产发展到能够满足所有人的需要的规模;结束牺牲一些人的利益来满足另一些人的需要的状况;"② 在这里实际上可进一步说是结束牺牲自然来满足当前社会经济增长需要的状况,那么"同现在的大工业经营方式相联系的一切有害的后果,将首先被消除。危机将终止"③。

由此,在人与自然的物质变换过程中,一国政府如何通过不断改革来合理调节其所有制的联合性、社会性,如何在现实所有制基础上不断创新性地协同组织生产,一句话,能否形成一种合理调节人与自然物质变换的生产方式,并顺此改善社会内部结构,对生态公共产品提供的"公共性""产品性""生态性"意涵,总之对人与自然有机统一关系的维护,有着重大的历史性影响。必须知道,自然与人不会进行社会个体间希望或被施加的普遍商品交换,以及围绕商品交换的资料生产。

在市场体系逐步发展优化的前提背景或约束条件下,当前国家公共服务职能主要以激励、监管等社会内部调节为主。一方面通过公共知识、公共工程、公共安全、公共制度等公共产品公共服务基础框架、生态公共产品服务经营环境的构建,引导集体与个体之间形成优良的生产消费秩序。在生态公共产品服务提供中,政府需要确定不同集体、个体以及自身的不同权限、职责,赋予或支持他们形成相应的生态生产、消费、流通能力等,有序激发社会力量提供生态公共产品服务的积极动力。包括支持构建权责利明确的政府、企业、社会组织、民众多元生态合作结构格局,形成政府与不同生态经营实体和社会间、程序简明的多向交往互动过程,达成和遵守生态公共产品服务

---

① 《马克思恩格斯文集》第1卷,人民出版社2009年版,第687页。
② 《马克思恩格斯文集》第1卷,人民出版社2009年版,第689页。
③ 《马克思恩格斯文集》第1卷,人民出版社2009年版,第687页。

的共识性规则，发展各种柔性、协商性而非支配性的合同、奖励、指导等合作方式技术，建立功能多元和强化权利救济的争议解决机制等。

另一方面通过构建运用具有显示供需、监测预警、预防调度功能的综合监管平台、透明监管机制，促进生态公共产品服务资源的有序配置，防范和减缓不良外部效应发生。应当说，当前市场在公共资源配置中已经起到一定作用。但有一个突出的问题是，公共资源的所有权、占用使用资格权、经营权等边界仍然模糊，政府购买者不是公共产品的直接和最终需求者，很难清楚表达有关这种公共产品服务的具体需求内容，生产经营者很难从政府出资人手中弄清楚公共产品服务的真实有效需求，既有资源存量流量不清，需要实施的增量减量不明，从而难以形成明确的公共产品服务配置标准、监管体系，导致公共资源错配多发，公共态、共有态、市场态转化不畅，外部风险性激增。因此需要强化联合政府、企业、社会组织乃至公众代表，形成总体生产任务引导的集体互动机制和透明数据平台。因为从总体生产角度来说，公共产品服务生产过程可以经历公共态、共有态、市场态等不同形态。公共态示意集体所有权益，以整体的社会性、公平性、持续性为价值取向，对公共资源总量存量稀缺更具敏感性；共有态示意占用使用权益，以区域的合理性、正当性、协调性为价值取向，在局部意义上对公共资源总量存量稀缺具有敏感性；市场态示意生产经营流通权益，以个体的经济、效率、效能为价值取向，对总量存量意义的公共资源稀缺敏感性较低，相反对公共资源流量敏感度较高。三种形态协同有序转化，将是生态公共产品服务生产过程之公共性充实持续且具现实操作意义的有效保障。

首先通过塞罕坝国营林场案例可以发现，政府在生态公共产品提供方面发挥了最为重要的主导、主体作用。河北省塞罕坝机械林场原由国家林业部建设，后在1968年划转隶属河北省林业厅直接管理，1993年建成国家森林公园，2007年成为国家级自然保护区。林场总场办公地点位于河北省围场县城，职工属于事业单位编制人员。并且林场管理系统和自然保护区管理系统分属办公。① 可以说正是由于国家和地方政府 50 多年来持续不断的人力、资金、技术、土地等全方位投入，以及林场职工几代人的不断努力，才造就了今天河北与内蒙古接壤处、内蒙古高原浑善达克沙地南缘的这片林海，成就了这个北方风沙源治理奇迹，也使之成为华北地区重要的森林生态旅游区。

其次是 2017 年祁连山生态环境破坏和 2018 年洱海流域保护事例，也可用以分析政府调节与监管的重要作用。当然这里所能看出的是对各级地方政府与中央政府之间的一种博弈关系进行治理的重要性。2017 年 7 月，中央政治局常委会会议专门听取祁连山生态环境问题专项督察情况汇报，并由中办国办就祁连山国家级自然保护区生态环境破坏问题发出专门通报，指出祁连山自然保护区域各级地方政府部门违规违法审批探矿权和采矿权、违规违法建设运行水电站、周边企业偷排偷放污染、突出环境问题整改不力等严重情况。认为存在地方政府瞒报漏报，搞变通打折扣，规划约束指标层层"放水"，不作为、乱作为、监管层层失守等严重问题，并对包括 3 名副省级干部在内的几十名领导干部进行了问责等相应处理。②

在 2018 年中央环保督察"回头看"工作中，中央第六环保督察组发现，即使自 2017 年大理开启洱海保护治理抢救模式以来，洱海传统水源地以及洱海水体也一直在被当地一些建材厂、采石场、旅游民宿、餐饮客栈等采石毁林、污染排放等活动严重破坏，而一些基层党委政府对此却熟视无睹，存在监管走过场、整改搞变通、无视整改令等严重问题。甚至有地方政府为使滨海房地产开发建设符合《洱海

---

① 作者于 2019 年 1 月初对塞罕坝林场进行实地考察走访，了解了林场管理、资源经营运作等方面情况。当然，林场管理系统与自然保护区管理机构分立或能否合署办公进而是否存在管理重复性问题，不是本处讨论的重点。相关情况还可参见河北省塞罕坝机械林场总场网站：《林场简介》，http：//www. saihanba. com. cn/show_ article_ php? id =5876，2019 年 3 月 20 日。

② 《中办、国办就祁连山国家级自然保护区生态环境问题发出通报》，《中国环境报》2017 年 7 月 21 日第 1 版。

保护管理条例》等保护规划内容，竟多次修编和调整片区规划。① 而自中央环保督察"回头看"反馈结果并多次公示洱海生态环境破坏案例以来，地方政府开始按照"三线"控制原则即农田保护红线、城镇建设边界线、生态保护红线，基本是在沿岸30米内拆除大批违建餐饮客栈。但这又不可避免地导致一些前期投资较大的本地或外地经营户与当地管理部门发生矛盾，前期激励政策与当下规制政策发生矛盾，从而对政府信用造成一定影响。

在这几个案例中，如何合理稳定地调节政府在生态公共产品提供中的激励和监管作用，是一个非常考验政府智慧的问题。这牵涉到如何科学评估一定区域的生态环境资源承载力，牵涉到地方各类生产要素和市场要素活力的释放，更牵涉到公民环境权益、经营者利益、地方利益和更大范围公共利益之间的平衡问题。因此，需要构建起一种既能通过多元互动形成约束性共识、显示利益各方偏好，同时又能对公共产品服务资源使用状况进行总体监测和预警调控的综合管理平台与机制。

以上述有关山、水、林、田（沙漠）、湖、城、园区等8个生态公共产品提供案例为基础，并综合各种实际运作情况，可以对生态公共产品的类型层次功能等做一定程度的总结，其表如下：

表5-1　　　　　　　　　生态公共产品谱系表

类型	层次	功能	载体	形式	行为体	手段
生态资源 生态设施 生态服务 生态政策 生态文化 生态保护与安全 生态权益	社区 地方 区域 国家 国际 （全球）	生产（经济生产） 安全（国家安全） 管理（社会调节） 保障（未来储备） 消费（人民生活）	森林 水体 大气 土壤 矿藏 城市 乡村	功能区 公园 遗迹遗产 观光休憩 康养 规则标准 信息服务 环境参与	政府 企业 合作社 居民 自治组织 社会机构	科技 工程 市场 管理 法制 经济 政治 文化

---

① 刘秀凤：《开发之火灼伤优美生态》，《中国环境报》2018年6月28日第2版；《私挖盗采何时休》，《中国环境报》2018年6月26日第3版。作者也于2019年1月底考察走访洱海生态环境保护情况，对餐饮客栈密集的双廊镇等地进行调研。

第五章 生态公共产品的实际影响因素

这些要素可以根据具体需要形成不同的组合，或凸显某个方面，或形成综合形态。根据不同的产品、功能和层次需求，现实中的生态公共产品类型有以综合性的生态城如中新天津生态城、美丽乡村如浙江龙泉良溪村等为载体者，亦有凸显单项的自然要素者，如塞罕坝林场等。其形式则多以生态功能区、国家公园、康养基地、环境质量公报或动态监测预报、环境产业园区等来传递。其行为体首先涉及政府支持，更涉及企业带动，如内蒙古库布齐沙漠治理的政策支撑和企业产业化投入运营、临沂企业当"河长"等；更离不开居民、合作社等民间形式，如库布齐沙漠治理中的各种林业协会、养牛协会，浙江龙泉良溪村的合作社养鱼治水等。手段也是以科技工程和市场化机制为基础，采取了多元综合方式。在提供生态公共产品方面，这些案例有较成功者也有受人诟病者，总体来看，值得思考或其共性的特点有以下六个方面，或可将其作为我们进一步判断生态公共产品政府提供机制状况的重要因子：

其一，生态公共产品的层次类型实际是多样的，但并非绝对分离，每一层次类型的发展实际上都有助于促进生态公共产品系统整体的繁荣。因此，生态公共产品之间，不论生态资源、生态设施、生态服务、生态政策、生态文化、生态保护与安全、生态权益等，都是相互关联的。某一种或某一层次生态公共产品的充分发展，都能够促进一定实体领域或网络领域范畴内产生相应连锁效应。比如库布其治沙案例中的沙漠林草苗种培育、生态修复与种植技术、生态工程设施、生态守望精神、生态经济社会政策等一系列生态产品链条的形成。尽管对某些村落而言，他们提供的是社区层次的生态公共产品，但联合起来或从生态系统的整体联系视角看，则是具有地方、国家甚至国际意义的生态公共产品，比如塞罕坝林场、良溪村溪水保护等。反过来说，国家提供的某些重点生态功能区的山、水、林、湖等生态产品，尽管首先具有维护国家生态安全的功能，但对所在区域而言，它们仍然是地方和社区性的公共产品，比如祁连山自然保护区、洱海等。

其二，企业化或产业化在生态公共产品提供中发挥了重要生产要素配置、融资和生产作用，但它并不是万能的，而是需要在生态基底和绿色发展导向的前提下或循环顺畅的人与自然物质变换圈中才有意义。毫无疑问，让专业的人干专业的事可以提高生态公共产品服务生产效率，比如环保产业园区能以所谓全方位环保管家方式提供环境污染治理服务，甚至构建所谓"你排放我治理"的第三方治理服务新局面；但如果一方面企业化或产业化超越了生态环境承载力极限，另一方面污染企业因为对环境治理服务的依赖性而失去转型升级能力，事情就有可能走向反面。比如祁连山国家级自然保护区的各类能源开发项目、洱海流域餐饮客栈和房地产开发数量的巨大增长对当地生态环境带来的压力和破坏等，当地也并不是没有环保规划和环保设施服务，但当前并未达到把希望寄托于专业环保公司服务的成熟条件。

其三，实现资本与技术的生态化，或者说凸显自然资本、生态科技的重要性对生态公共产品的生产提供是非常重要的。在这里，在生态公共产品提供中资本的作用是发展自然生产力、发展生产条件或生产来源，是不断扩大自然界本身的再生产和调节改善自然的智慧能力，促进生态文明社会形态的各种要素的创造，提高人在学会正确理解和运用自然规律前提下进行人与自然物质变换的基本条件、中介手段。它所蕴含的应当是人与自然之间的有机统一关系，不能把它理解成单纯的物或一般的自然要素，更不能片面地理解成它的货币形式、把货币媒介当成终极目的。否则，正如既有生产方式已经说明的那样，带来的生态后果必将是惨重的。另一方面，促进生态科技创新成为增加自然资本或自然资源资产增殖的重要手段。通过生态科技创新直接形成自然生产力或生态生产力，增加生态资源存量增量，在一定程度上推动社会内部拓展对自然资源产出剩余的合作而非竞争关系，通过更少的消耗和更有能效的产出把直接面向自然的劳动者从生存状态下解放出来，改变靠牺牲自然牺牲环境来换取经济增长的生产方式交换方式。当然需要注意的是，目前与其说缺乏生态技术，不如说更为缺乏的是改良或改善自然的资本投入，以及保证自然资本投入持续性的激励措施和施加巧妙引导管理的制度条件。

第五章 生态公共产品的实际影响因素

其四，生态公共产品生产提供过程必须与基层社区民生充分结合起来。正如民谚所传"治污不治穷，到头一场空"，但反过来又如古语所云"仓廪实而知礼节，衣食足而知荣辱"，只有基层社区民众深刻体验到生态环境或生态资源所能带来的发展生产改善生活、增加发展资料享受资料的价值，才能使他们成为自发的生态环境维护者、生态公共产品提供者。同样，基层民众在物质生活需求得到满足的前提下，又自然会产生对良好生态环境居住条件、生命繁衍条件、社会生产条件的新需求；更遑论生态环境退化造成的生态之于维系民生的基础性、重要性。而且应当注意的是，基层民众在当前环境下始终是社会的大多数，是借以占有自然的社会形式的主要构成部分，基层民众的生态环境权益是否得到满足，是凸显生态公共产品服务公平普惠性的首要标准。因此，扎根民生，直接与居民个人及其家庭生活生产的获益性、便利性、健康性、安全性密切关联，在生态产品、工业产品、农产品之间形成良好的转换、交换体系，实现绿富同兴的效果，是各种生态环境治理或生态公共产品服务项目获得成功、增强可持续性的重要条件。

其五，实现自然资源资产或生态基础资源等的合理状态转换，需要稳态、可预期的权责利共识，以减少不必要的生态、经济和社会成本损失。资源使用权或经营权的合理流转，在公共态、共有态、市场态间的有序转换，能明显提高生产要素配置效率和产品服务生产效能，但必须以政府、企业、民众等在生态环境管理权力、权益、责任、能力等方面的约束性共识为基础。激励、监管、相应承诺的兑现、新政策制度的供给等，都需要以明确的集体行动机制或互动平台、功能多元的争议解决和权利救济机制、分层性的处罚机制来保障其有效性。由此形成的是一个平权型、契约型的生态公共产品生产提供机制。

其六，构建动态显示生态公共产品服务供需变化、存流量变化，或者具有在线交易管理等多功能的综合平台，有助于生态公共产品服务监测、预警、调节控制。与当前商品交易互联网相应，甚至可以研讨构建绿色互联网的可能性。把生态金融、生态技术、生态企业、生态市场、生态民生、生态服务、政府监管、生态系统、生态数据、环境质量等各领域指标集中起来，形成线上线下生态业务融通的生态门户网站。

综上，生态公共产品的提供是联合行动、联合体的事情。并不是简单的双方合作比如企业生产＋政府支付、合作社生产＋政府支付、自治组织生产＋政府支付、科技支撑＋企业带动等，实际上涉及三方以上主体，适合把各种具有资源禀赋和专业功能、具有生态环境建设意愿的组织与个体等联合到适应当地条件、某种形式的共同体中，坚持在生态基底、生态优先前提下以专业技术组织、企业组织、金融机构为动力主体进行产业化市场化运营。因此，实际的生态公共产品，表现为那些需要集体联合生产、存量共同控制、流量合理转换调节的生态资源、生态设施、生态服务、生态政策等。一种优化的、或者说这里我们所要力图体现的是一种分类分层、联合生产、权责明确、有机转换、善用市场、普惠民生的生态公共产品政府提供机制，所要构建的是一种分类分层分工、能够弹性调控、符合共同使用、保障贫弱权益、共治共享公平的生态公共产品服务供给制度。当然，情况取决于具体场域的人与自然之间的物质变换需要。

下 篇

对策与保障

——如何优化我国生态公共产品政府提供机制

第六章 优化生态公共产品政府提供机制

优化我国生态公共产品政府提供机制，关键是把握重大原则，要点是改革完善供需管理制度，实现总供给与总需求的相对平衡。要避免一味遵从西方资本的全球化模式及话语范式，站在马克思主义立场上思考我国生态文明具体问题，缩小理想愿景和现实需求反差以及社会阶层的环境差距，注重底线公平，保障基层贫困弱势群体的环境健康权益和生存发展权益，发挥工人农民等基层劳动者生产者的重要作用，保障生态公共产品资源和服务的开放性共享性。重点针对生态公共产品服务供需脱节问题，从侧重生产端调整出发，科学安排好协同好需求管理制度、供给管理制度、资源配置制度三方面建设，提升生态公共产品供给能力、服务质量和覆盖水平。

第一节 针对的供求矛盾问题

正如前篇所述，历史因素积累和当前需求形势叠加，导致生态公共产品供求矛盾凸显，即政府提供的单一性与社会需求的多样化之间存在矛盾，政府提供的固定性或模式化与社会需求的变动性之间存在矛盾。由此供需脱节，生态公共产品供给与需求之间不能有效衔接。①

---

① 本部分主要内容已作为论文发表，参见蔺雪春《生态公共产品问题的历史分析与现实思考》，《鄱阳湖学刊》2018年第6期。

一 生态公共产品供需脱节问题

尽管实施各种大型生态工程是政府承担生态公共产品职能的一个突出表现形式,比如1979年启动的三北防护林工程即为国家进行生态公共产品供给的一个重大标志。但无论计划经济还是市场经济,我国环境历史欠账都很多。具体说主要有三点:

(一) 供需错位

生态公共品供给与需求之间存在结构性失衡,表现在五方面。一是有效供给少,无效供给多。对需求弱、效用差的传统生态设施和低端管理制度,存在过剩供给。比如垃圾填埋处理系统已造成垃圾围城,使用几十年的空气质量标准、环境标准体系无法反映群众实际感受等。二是对需求呼声高、品质要求严的新型生态设施和高端管理制度,存在供给不足。比如餐厨垃圾回收系统、垃圾分类管理系统、碳汇管理体系等。三是农村供给少,城市供给多。对老旧住区、边缘地区、边角接合部和农村基本生态设施,存在供给缺失;城市核心区、重点区供给相对丰富。四是经济落后区位和人群供给少,经济发达区位和人群供给多。生态公共产品服务的完善程度与经济发展、阶层分化的相关性开始显现,富裕地区和人群对生态产品服务的诉求容易引起重视和得到满足,同时他们也有更高的生态产品服务消费支撑能力。五是投资供给、政府消费供给、出口供给多,居民消费供给少。生态公共产品政策体系偏重企业当前发展经营的环境需要、偏重产品出口的环境标准需要、偏重政府经济治理的环境需要,居民环境消费的供给相应偏弱。

(二) 供给外部性扩大

供给过程与系统本身以及供给后产生大量社会问题,主要是供给过程缺乏高度互动参与和监管,导致不良供给长期得不到治理,优效供给得不到补偿激励。比如许多城市污水处理厂虽能满足广大市民公共卫生利益需要,却长期损害周边居民环境权益和健康需求引发邻避冲突。生态资源丰富的林区、保护区、遗产公园、流域上游地区为区域和跨区域提供优质生态系统功能服务，却很难得到合理经济补偿。同时，供给系统本身的人力资源保障、与地方部门和社区的融合等可持续性社会问题，也在不断显现出来。

（三）生态消费力不彰

理性、可有效识别的生态消费需求少，生态消费能力弱。生态消费力作为"满足生态需要而消费生态消费品（包括劳务）的能力"①，"是需求力、支付力、选择力、内化力相互作用而形成的合力"②，是消费生态公共产品的前提条件。但不论城市还是农村，不论政府部门还是企业，很多消费主体生态意识淡薄、生态责任感缺失，生态消费需求力弱；生态消费成本高，收入有限，为生存竞争，生态消费支付力不足；缺乏必备生态知识和消费经验，生态消费选择力欠缺；强调自身机体健康忽视自然和谐，处于生态自发没有形成生态自觉。③

二 供需脱节的主要原因

导致生态公共产品供需脱节的主要原因，既有政府管理方面的也有市场运作方面的，既有个人因素也有社会因素。

（一）政府管理方面的信息结构、产权结构、政策结构设置问题

包括未能动态有效获取政府部门、企业、居民等各类消费主体生态需求偏好信息，政府生产供给模式僵化反应迟缓，缺乏系统的生态消费维护计划，缺乏"壮士断腕"从严治理污染源的决心等。企业偏重投资需求、以获利为目标，规避、隐藏和向社会转嫁环境成本；居民有高质量的生态环境消费需要，缺乏有效的、能够达成集体行动效果的生态消费能力、动力和责任感；政府部门有高度的生态政治责任感或生态环境治理需要，但易受 GDP 竞争形势和市场逐利的影响。政府管理在政治、绩效、民生、经济利益等各层面的生态需求偏好表

---

① 尹世杰：《关于发展生态消费力的几个问题》，《经济学家》2010 年第 9 期。
② 张永红：《我国农村生态消费的困境与超越》，《马克思主义研究》2016 年第 4 期。
③ 张永红：《我国农村生态消费的困境与超越》，《马克思主义研究》2016 年第 4 期。

达和汇集、计算上存在很大困难。

（二）市场体制方面的产业部门成熟、社会责任问题

包括企业主体的清洁生产能力绿色创新能力不强，利用信息优势规避政府监管，缺乏长远经营战略忽视生态义务，责任意识不强提供价高质次生态品等。更包括环境产业作为一个生态产品的生产资料部门的发展不成熟问题。环境产业与相应产品市场尚未能发展为一个有重大吸引力的经济部类，从而把更多资本从传统生产部门转到生态产品新部门，没有激发和释放生态产品消费资料部类的潜在需求。

（三）社会条件方面的阶层分化、劳动与资本关系紧张问题

阶层差距拉大，致使不同经济收入群体间的环境利益分配差距拉大，低收入群体的环境表达弱化、环境权益难以保障，高收入群体的环境表达强化、环境权益扩张。劳动与资本关系紧张，资本地位作用高，资本方对剩余价值或利润的不断竞逐，导致劳动者地位弱势，有支付能力或消费能力的环境需求受到抑制，出于经济生存压力无法和无力对生态环境问题表达出强有力关注。此外，社会可持续发展教育和生态消费教育、个体生态意识环境素质能力欠缺也是重要原因。

同时需要说明的是，在这里，我们并不主张过于强调技术条件上的原因和影响。实际上，随着现代科学技术的不断发展，尽管许多科技的环境影响仍具有很大不确定性，但可以确定的是，我们已经具备远超以往任何时代的生态环境技术水平。与以往世代相比，我们更多缺乏的是对大自然的敬畏关爱，以及"把对自然界的认识（这也作为支配自然界的实践力量而存在着）当做对他自己的现实躯体的认识"的智慧，[①] 能够重新融入自然的自我观念，已经远去甚至被忘却的曾受制和受害于自然条件恶化的痛楚记忆。

三 供需脱节的影响

生态公共产品服务的供需脱节会对当前生态文明建设甚至更广泛

[①] 《马克思恩格斯文集》第8卷，人民出版社2009年版，第172页。

的经济、社会和政治建设等造成一定的影响，但反过来说，也是其进一步发展改善的机遇。

（一）影响经济的生态转型升级和生态经济发展

生态公共产品服务的生产与消费是生态生产、生态消费的重要内容，对引导生产消费结构转型升级具有导向性作用。这种供需脱节首先损耗了生态品生产、分配、流通、消费等环节的循环效率效果，导致生态经济体系、绿色经济体系等的发展质量问题。进一步说，根据马克思的社会再生产理论判断，生态产品的生产资料和消费资料部类的缺乏甚至失衡，它与其他产品部类的结构裂缝，可能影响到整个经济体系的可持续发展，成为未来提高经济发展能力的一个重大短板。

（二）影响社会与政治建设

应当注意到，生态文明建设落脚到现实，就是提供量足质优的生态公共产品。能否满足当前社会生态需求，是衡量生态文明建设成效的重要指标。生态公共产品作为最广泛最基础的民生福祉，其覆盖范围大小、供给质量好坏，是社会对国家、政党形成政治信任的重要基础，关系到国家—社会—执政党关系健康与否，关系到国民意识、社会向心力凝聚力的生成。

（三）影响一国的国际形象和软实力

特别是在国际话语体系中，一国对内对外的生态公共产品提供能力和水平，关系到它在国际或全球环境治理中的贡献能力和水平，影响其在全球环境政治格局中的地位。反过来，这种基于环境贡献能力和水平的国际形象和软实力，也会成为国际政治斗争的重要议题，进一步扩展和影响到一国在全球的行动资源和战略布局、战略实施，甚至可能失去国际行动支撑点。

"根据唯物史观，历史过程中的决定性因素归根到底是现实生活的生产和再生产。"[①] 因此，作为现实生活生产和再生产的基础内容，提供量足质优、社会满意的生态公共产品和服务，既是人民群众生活

[①] 《马克思恩格斯文集》第10卷，人民出版社2009年版，第591页。

所需也是国家政治稳定、构建良好国际政治经济和环境治理秩序的必然要求。这就要求我们必须站稳原则立场，慎重对待、妥善解决好该问题。

第二节　坚持的原则导向

一　坚持资本发展的生态化、社会化，促进环境增殖

站在马克思主义立场必须注意到，马克思的理论是"求解放的理论"和"为自由的斗争"，马克思通过《资本论》第一次科学说明了"资本和劳动的关系"这一"全部现代社会体系所围绕旋转的轴心"，提出了"劳动的解放"命题。① 而把思维的透镜进一步放大，透过"劳动的解放"或无产阶级解放，就是把自然、生态环境从资本的统治下解放出来。这可以作为生态公共产品提供机制发展变革的一个远期理想。传统工业资本是以支配劳动从而支配自然为前提的。但辩证审视，资本也有文明一面或"伟大的历史方面"，"资本是生产的"②，"有利于社会关系的发展，有利于更高级的新形态的各种要素的创造"，为新关系的产生"创造出物质手段和萌芽"③。因此，资本的历史状态不仅是以往"另一个社会形式解体过程的沉淀物"和当前"它自己再生产的产物"④，它还应当被视为孕育发展新社会关系要素的重要手段。

走向生态文明时代的生产方式，资本不只是为了寻求自己价值增殖和竞争的私人利益聚集劳动条件从而支配自然，以及把良好生态环境保护等共同需要推给国家，而是要作为许多甚至全体社会成员共同活动或运动的力量和产物，实现生态化和社会化。因此在这里，需要

---

① 白刚：《回到〈资本论〉：21世纪的"政治经济学批判"》，人民出版社2018年版，序言，第2—3页。
② 《马克思恩格斯文集》第8卷，人民出版社2009年版，第69—70页。
③ 《马克思恩格斯文集》第7卷，人民出版社2009年版，第928页。
④ 《马克思恩格斯全集》第26卷第3册，人民出版社1974年版，第546页。

用辩证发展的眼光和方法妥善处理好"资本"和"资本家"的关系，处理好当代资本逻辑的全球化进程与中国特色社会主义实践中资本的社会化生态化再造的关系问题，处理好社会公共资本与集体资本、个体资本的转化转换关系。应当注意到，资本具有自身的特殊"历史相对性和历史过程性"①，"在马克思看来，资本统治人的现实和怪圈之所以可能，不在于资本作为物质资料的'实体内容'，而在于资本作为社会关系的'形式规定'。"②资本家作为不同资本变换形态的人格化和利益、职能的承担者，只是特定社会关系的产物。社会主义生态文明下的生产关系、社会关系变革，必然对之产生不同以往的新塑造、新要求。甚至从根本上说，由于资本本身作为生产的自然要素从而作为自然资本，作为共同的生产条件和生产来源，在保障自然资本形成、保障自然环境增殖成为加强生态文明建设、优化生态公共产品政府提供机制的首要或最基本诉求后，作为资本的人格化体现的资本家也要首先承担起它本来应有的生态职能和社会职能，使资本经过不断的"扬弃"过程为维护改善人与自然关系的需要而存在，而不是相反。

二 坚持生态建设的产业化、市场化，促进环境经营

马克思的生产理论是"自由联合的生产"理论，是通过自由联合生产为发展社会生产力、走向更高级社会形态准备经济条件。进一步说，通过有意识有计划的自由联合生产，才能破除当前对社会生活的物质生产过程，也即对人与自然之间物质变换过程的不了解、不确定而产生的实际狭隘性、神秘性。通过有意识有计划的自由联合生产，才能改善人们当前借以占有自然并与之进行物质变换的社会形式。新世纪以来基于互联网络平台的智能制造、商贸物流、信息交流、大数

---

① 白刚：《回到〈资本论〉：21世纪的"政治经济学批判"》，人民出版社2018年版，第25页。
② 白刚：《回到〈资本论〉：21世纪的"政治经济学批判"》，人民出版社2018年版，第22页。

据应用等，正在愈发明显地体现出或增强自由联合生产的趋势和优越性。

合作制、股份制甚至所谓混合制建设改革等，同样要视作生态建设经营领域实现自由联合生产的主要形式，产业化、市场化则是实现其自由联合生产的重要机制。加强生态文明建设改革，提高政府生态公共产品生产供给能力和服务质量、覆盖水平，需要借助广泛而灵活的合作社、股份制或混合制组织方式，促进整个社会形式或社会形态产生更强的生态包容性、自治性和地域嵌入性、适应性、创造性。通过产业化和市场化的生产、流通方式，增强生态环境系统服务、人与自然关系维护的专业水平，形成新型的生产资料和消费资料生产部类、生态环境产业门类，让更广泛的社会成员具备坚实的生态生产基础从而形成充分的生态消费能力。

而且，生态环境的改善不仅在建设，更在经营。后者与前者相比更具持续性、长远性、关键性。当前一些生态环境项目的后期效果问题或是对于生态环境经营重要性的某种说明。本质上说，通过生态建设、经营的合作化、股份化、混合化组织安排，以及产业化和市场化的生产、流通、配置拉动，特别是增强环境产业门类的发展能力、地位水平，无非是在"使生产力的充分发展成为生产条件"[1]、具备"一定的社会物质基础或一系列物质生存条件"的基础上,[2] 进一步增强和畅通人与自然之间的物质变换能力。

三 坚持生态服务管理的一体化、信息化，促进生态智慧

马克思恩格斯特别注重联合生产的有意识、有计划性，甚至设想"社会必须预先计算好"，"能把多少劳动、生产资料和生活资料"用在一段较长时间内不能提供"任何有用效果""任何生产资料和生活

---

[1]《马克思恩格斯文集》第8卷，人民出版社2009年版，第172页。
[2]《马克思恩格斯文集》第5卷，人民出版社2009年版，第97页。

资料"的"一些产业部门而不致受任何损害",①使社会的理智在事前起作用,避免不断发生巨大混乱。而且进一步从历史唯物主义和辩证的自然观来看,"人的思维的最本质的和最切近的基础,正是人所引起的自然界的变化,而不仅仅是自然界本身;人在怎样的程度上学会改变自然界,人的智力就在怎样的程度上发展起来"②。人类社会应当具有能够"更正确地理解自然规律,学会认识我们对自然界习常过程的干预所造成的较近或较远的后果","从而控制那些至少是由我们的最常见的生产行为所造成的较远的自然后果"的能力,③ 在不断变革的社会形态和人与自然关系形态中形成"学会改变自然界"、有智慧地改善自然界的能力与条件。

当前,大数据、人工智能等科技手段的飞速发展,已经使我们比以往任何时候都愈发靠近实现生态服务管理"预先计算好""由社会全体成员组成的共同联合体来共同地和有计划地利用生产力",④ 从而结束牺牲一些人的利益来满足另一些人的需要、结束牺牲自然来满足经济增长需要的状态。一体化、信息化的网络技术手段、数字管理手段等在生态环境建设和保护、经营、管理等领域的应用,能够在更高的系统性、链接性、针对性意义上,在更有效的社区平台和集体行动意义上,提高生态产品服务供给能力、递送质量和覆盖水平。

四 坚持环境面前人人平等,促进环境正义

在马克思看来,人是一个整体的类存在物,"把自身当做现有的、有生命的类来对待","当做普遍的因而也是自由的存在物来对待"⑤。人所具有的整体的、种的类特性、类生活、类本质,突出表现为"通过实践创造对象世界,改造无机界"的"自由的有意识的活动""人

---

① 《马克思恩格斯文集》第6卷,人民出版社2009年版,第349页。
② 《马克思恩格斯选集》第3卷,人民出版社2012年版,第922页。
③ 《马克思恩格斯选集》第3卷,人民出版社2012年版,第998—999页。
④ 《马克思恩格斯文集》第1卷,人民出版社2009年版,第689页。
⑤ 《马克思恩格斯文集》第1卷,人民出版社2009年版,第161页。

的精神的类能力"①。但由于"异化劳动把自主活动、自由活动贬低为手段,也就把人的类生活变成维持人的肉体生存的手段"②,从而导致人同自然界相异化,人同自己的生产生活(生命活动)相异化,人同自己的类本质相异化,最终人同人相异化、相对立、不平等。

但从人的类本质或类存在上说,说到底,现实的每个人不过"是一切社会关系的总和",都具有"一种内在的、无声的、把许多个人自然地联系起来的普遍性"③。因此,在人与自然之间的物质变换关系中,或在人的劳动过程中,作为相互普遍联系的"类"而存在的每个人在对象化的自然面前都属于平等主体;"人们的头脑和智力的差别"不应当"引起胃和肉体需要的差别","活动上、劳动上的差别"不应"引起在占有和消费方面的任何不平等,任何特权"④。在根本上就是说,生态公共产品服务的提供活动首先要最基本做到环境面前人人平等,不因阶层、身份差异等造成环境权益保障差距。在不断增加的环境污染和生态破坏风险面前,要重点性地提高改善穷人弱者、脆弱地区的环境风险应对能力、权益保障水平,这是人的类存在的一个前提。

五 坚持提升工农角色,促进绿富同兴

工人农民是最直接、最接近自然要素的生产者、劳动者,是人与自然之间物质变换的最直接承担者、执行者。但因缺乏生产资料、生活资料的支配权,工人农民在整个生产劳动体系中承担的各种风险也最大,所受的影响也最强烈。⑤可以说,资本主导的雇佣生产方式不断把作为生产资料、生活资料的"自然因素并入资本"⑥,不断把

---

① 《马克思恩格斯文集》第1卷,人民出版社2009年版,第162—163页。
② 《马克思恩格斯文集》第1卷,人民出版社2009年版,第163页。
③ 《马克思恩格斯文集》第1卷,人民出版社2009年版,第501页。
④ 《马克思恩格斯全集》第3卷,人民出版社1960年版,第637—638页。
⑤ 《马克思恩格斯全集》第33卷,人民出版社2004年版,第390页。
⑥ 《马克思恩格斯文集》第8卷,人民出版社2009年版,第356页。

"改变为工业过程的自然过程"作为中介放在劳动者和"被他支配的无机自然界之间"①,使工人农民处于相对弱势的政治经济地位和贫困经济状态,甚至迫使工人农民在承受恶劣环境条件和加剧对自然条件的剥夺中恶性循环。

"治污不治穷,到头一场空""仓廪实而知礼节,衣食足而知荣辱",莫不道出生态环境与经济发展的辩证统一关系、双向建构作用。因此,从生产端出发,面向最直接的工人农民等生产者、劳动者,提高工人农民在直接生产过程、流通过程、生产总过程、国家经济过程甚至国际经济过程,② 从而整个社会生产体系中的地位作用,特别是其对生态环境建设保护和经营的作用,实现环境与经济的充分融合发展,寓富与绿、绿富同兴,是良好生态环境和生态公共产品提供机制可持续性的来源所在。

六 坚持造福平民百姓,促进生态民生

马克思指出:"人靠自然界生活……自然界是人为了不致死亡而必须与之处于持续不断的交互作用过程的、人的身体。"③这种人与环境之间的交互作用或互构性,即"人创造环境,同样,环境也创造人"的过程。④ 而要实现这种互构性,实现"环境的改变和人的活动或自我改变的一致,只能被看做是并合理地理解为革命的实践"⑤。因此说,实现环境与经济的融合,除直接的生产端融合外,仍要在更广泛的感性实践基础上进行,通过"革命的实践"改变广大民众的

---

① 《马克思恩格斯文集》第 8 卷,人民出版社 2009 年版,第 196 页。
② 此处亦采用了程恩富教授依据马克思《资本论》的体系与政治经济学六分册(分别研究资本、土地所有制、雇佣劳动、国家、对外贸易、世界市场)的设想,提出的"五过程体系"即直接生产过程、流通过程、生产的总过程、国家经济过程和国际经济过程的说法。可参见余斌主编《马克思恩格斯列宁斯大林论政治经济学》,中国社会科学出版社 2013 年版,摘编说明。
③ 《马克思恩格斯文集》第 1 卷,人民出版社 2009 年版,第 161 页。
④ 《马克思恩格斯文集》第 1 卷,人民出版社 2009 年版,第 545 页。
⑤ 《马克思恩格斯文集》第 1 卷,人民出版社 2009 年版,第 500 页。

自我活动、生命活动或生活方式，把绿色生态的信念、制度、行为习惯合并到有助于民生改善、民生质量提高的各个领域，促进生态民生。

特别是当前社会主义生态文明建设面临资本主义生态改良的强烈竞争，能否从容站稳和坚守世界环境治理舞台，关键就在于它要塑造怎样的民生与人民。只有扎根民生造福民生，敬民意、启民智、富民生，基于一种文明体面、适度富裕、环境健康、生态合理的民生诉求，把生态民生水平作为社会主义生态文明建设的底线标尺，才能真正提高社会主义生态文明自信。

第三节　完善需求管理

需求管理旨在根据社会不同群体、阶层对生态公共产品的需求变化，建好生态公共产品服务需求管理制度，形成自觉理性、担责赋能的生态公共产品消费管理体系。重点是构建生态公共产品服务需求数据库，适时评估真实需求，及时预测和明确需求的类型性质规模、阶段状态，实行脆弱人群和地区甄别保障制度，善于做好总量管理和结构管理。

一　需求管理的重点内容

根据经济学或管理学概念，需求管理主要是确定、维持需求约定的管理活动，对产品与服务的消费者进行需求分析、需求状态跟踪和变更控制、标准控制等一系列管理过程；其核心内容是需求变更的管理和稳定性维护；目的是及时辨别相应产品服务的真实有效需求，有针对性地安排产品生产、融资、分配、流通等经营管理活动，既有利于生产资料的科学配置，也能在一定程度上引导理性消费体系的形成。

总的来说，我们仍旧处于资本主导的时代，在这样一个时代，正如马克思指出的："'社会需要'，也就是说，调节需求原则的东西，本质上是由不同阶级的互相关系和它们各自的经济地位决定的",因此,社会需要,"在这里总是指有支付能力的需要。"① 这种需求结构进而分配的阶层性或分层性特点,或者说生态消费的实际能力对需求管理的影响是必须注意的。

因此,生态公共产品服务的需求管理,应当包括以下内容:一是能够清晰确定需求者特征和有效性。对政府、企业、居民、社会组织机构甚至外来者的身份特点进行分析,以形成有助于资源匹配、一致的行为预期模式或模型。另一方面,要在需求者身份分析基础上,确认其有无现实、适度、负责的生态消费能力和水平。二是确定需求规模、层次类型。对需求者在国家、区域、地方、社区等不同层次、数量规模,有关生态原始资源、公共设施、服务、政策、文化、安全保护乃至生态权益等方面的需求进行分级、分类。三是需求目的功能。确定其生产、安全、管理、保障、消费等功能归属,以统筹协调与合理规划引导。四是需求的载体形式和手段。明确这些需求得以递送、承载或体现的功能区、公园、遗迹、观光休憩、康养、标准等多样化的产品服务介质、形式和可能匹配的生产供应手段。因此总体来说,需求管理的重点内容在于明确规模特点、分类分层、确定有效性上,实施好需求的总量管理和结构管理。

二 需求管理的主要过程和方法手段

重点是对需求变更变化的分析控制与需求稳定性的维护管理。一旦通过前期的需求分析过程也即需求调查和数据收集分析,确定了当前或即期需求基准,那么重点就要转移到对需求动态变化的分析和预调预控上。

因此该过程的主要环节是:确定生态公共产品服务需求基准;衡量各项需求稳定性;进行需求变更影响分析,确定变动态势和影响因素;建立需求变更控制标准和控制方案;跟踪每项需求的变动状态、

---

① 《马克思恩格斯选集》第 2 卷,人民出版社 2012 年版,第 480—481 页。

维护好需求变更的历史记录。这样，随着社会与自然关系的变换变化以及社会生产生活对生态环境系统需求的发展变化情况，可以及时建立起需求动态变化的各类应对预案。

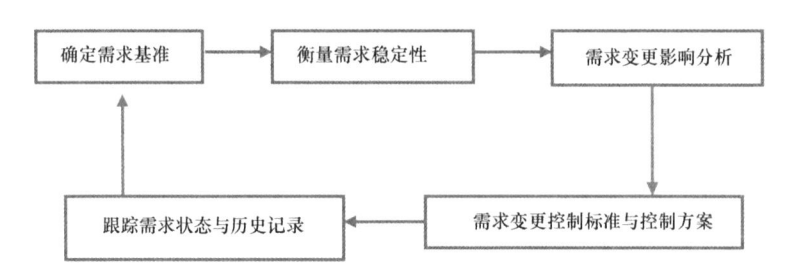

图 6-1 生态公共产品需求管理环节过程

要充分利用当前信息智能工具，构建生态公共产品需求管理数据平台，可以根据分类分层、跨网联通、有利协同的原则进行构建。其一是管理层面数据库。通过链接各级政府生态环境部门、自然资源部门已有的管理统计年鉴或数据库，链接国家重点功能区、公园管理系统、农林系统、旅游系统等直接关涉生态产品服务提供的部门数据库而成，重点突出政府机构对生态安全、生态政策等安全、管理、保障功能需求。二是服务层面数据库。通过链接环境产业园区、环境服务产业企业、环境科技、绿色金融等企业部门数据库而成，重点突出企业部门和市场主体对生态资源、生态设施、环境服务等生产、消费功能需求。三是社会层面数据库。通过收集和分析居民生态环境诉求、消费数据而成，可以由政府机构或外包给第三方、市场主体等进行。重点突出居民对环境健康、观光休憩等文化、消费需求。在三层数据基础上，对接现有可利用的各种监测预警网络体系，形成集数据汇集、数据分析、决策支撑在内的，生态公共产品服务与管理一体化、信息化的需求管理大数据平台，提高环境智慧化服务管理水平。

三 需求管理的机制安排

需求管理功能的实现和机制运行，必须有一定的制度标准保障。

一是需求管理架构本身的标准。重点包括需求总量分析和结构分析的操作指标和操作程序。要构建清晰、完整、一致和可测试的分析管理评价标准,保障需求管理系统符合实际、易操作、有效率、有助益。

二是加强异常需求现象管理。重点是对接国家重点功能区和生态功能区等系列规划,根据优化开发、重点开发、限制开发、禁止开发等功能定位,特别是要加强对脆弱人群、地区的环境权益保障和生态环境异常甄别,提高环境和经济脆弱地区与人群的生态生产和生态消费保障水平,强化资源环境容量超载问题预警预控,使政府与社会统筹管理的制度能够事先起作用。

第四节　优化供给管理

优化供给管理旨在优化权责分工,构建分类分层、联合互补的生态公共产品服务生产体系。实行生态公共资源服务分类分层管理,中央、地方、基层政府供给职责各有侧重,要促进企业担起社会责任,发挥重要作用。通过联合生产提供体系加强供给过程和供给后的管理,要注重数量与结构是否对接现实需求等。

一　区分狭义的生产与提供

从具体环节上说,政府提供不等于政府生产。"提供"的核心要义,或者说狭义的提供概念,在于最后的出资支付或所谓"买单"上。政府提供意味着政府以公共财政作为最主要或较大比重的生态公共产品服务生产资金来源,政府在生态公共产品的生产性或消费性服务中发挥着重要的融资安排作用。

狭义的生产,主要指产品服务的加工、制造、建设劳动或活动。生产是一定主体社会生存的根本基础和发展来源,在马克思看来,生产劳动"作为使用价值的创造者,作为有用劳动,是不以一切社会形式为转移的人类生存条件,是人和自然之间的物质变换即人类生活得以实现的永恒的自然必然性"①。生态公共产品与服务的生产活动，是经过人的直接劳动过程或受劳动干预影响而产生的自然与生态环境改变过程。可以说，几千年来，特别是工业革命以来，自然环境已没有不受人类生产劳动影响的可能，在人与自然的物质变换意义上、在或大或小的程度上都是世世代代人类劳动或其影响下的产物。

因此如果进一步细分，这种生产过程又可分为两个方面。一方面是正向地增加生态资源、设施、健康、安全性、文化享受等产品与服务，另一方面是负向地减少或抑制生态破坏、环境污染的基础设施、工程、政策等产品与服务的过程。自20世纪70年代以来我国持续不断开展的各种大型防护林等生态工程、各种规模的植树造林工程、城乡环境整治、生态廊道建设等，都是较常见、较明显的生态公共产品生产劳动。当然实际上，生态公共产品的生产可以是多样化的。

二 多样化的联合生产和整体性提供

从现实生产经营实践来看，生产主体可以是多元的。并且实质上，由于生态公共产品的公共性质以及生产总领域的复杂联系扩展，生产的总过程一般来说在很大程度上是联合进行的。或者说，这种总体的生产过程就是生态公共产品服务的提供过程，包括了融资、生产、分配（递送）等具体环节。因此可以进一步形成政府统一提供、企业联合体提供、各种工农联合体与政企联合体提供等整体性的联合生产提供方式、供给结构。

联合生产提供的具体安排，可以根据生态公共产品服务的规模布局、功能性质及需求层次范围等因素进行。可以在企业之间进行，在政府部门、公共事业单位或国营企业、民营企业间进行，亦可在社会机构、自治组织、合作社等主体间进行，更可在政府—企业—社会机构—合作社与自治组织范围内进行。

一般来说，社区性的生态产品服务，可由自治组织、合作社、社

---

① 《马克思恩格斯文集》第5卷，人民出版社2009年版，第56页。

会机构、小型企业联合进行。地方性的生态产品服务，可以由中央或民营大型企业、地方政府等联合进行。区域和国家性的生态产品服务，适合由跨地区的企业联合体、政府与企业联合体甚至引进国际机构等联合进行。当然，这其中很关键的一点是要能够相对分清和显示出政府、企业、社会机构等主体的不同权能与责任。

同时需要注意的是，联合生产提供的过程，不仅仅限于供给过程本身，更要关注供给后的长期运营、管理活动。当前一些生态环境问题的重要因素，不是相应科学工程技术是否先进的问题，而是缺乏生产提供过程的持续充分社会参与，以及精细的后期运营与管理问题。生态环境事务不仅需要建设，更需要结合当地社会、社区实际条件和需求变化进行适当调整，进行专业化、持续化、精细化的经营，融入经济社会发展和民生事业进程当中。

三 共同但有侧重的权能激励和责任显示机制

"一个社会的现实秩序都是通过一定方式分配权利、义务而形成的既定状态。"[①] 生态公共产品服务的联合生产提供更是如此，没有相应的权责分工就可能导致功能紊乱，失去不同主体间功能互补、联合生产提供的重要意义。因此既供给权利，更供给责任。

作为某种联合体或某种意义上相互联系的整体，首先有一个相互认可共守的权责共识，形成基于联合或共同体利益的环境资源生产、流通、分配、消费中的个体权益和责任界定方式。其目标首先是，坚持共同利益，承认利益差异，保障增强个体权益，通过社会效应优先机制和市场机制双重架构实现个体应得权利和联合生产提供间的平衡。当然这种联合生产提供的作用或共同体意义在安全稳定时期难以被个体敏感识别，一个重要原因是生态环境作为基础资源或产品服务的存量增量的外部性及其不可分性。相反，只有在危机风险时期才能明显感知其流量减量后果。存量增量以资源产品新的再生产为基础，

---

① 程燎原、王人博：《权利及其救济》，山东人民出版社2002年版，第354页。

流量减量则往往意味着资源产品的分配占用、消费乃至消失。前者是生产资料和再生产来源，后者是生活资料和便利享受来源。前者是全部个体利益之源，需以集体利益或社会效应机制优先实现。后者是相应个体利益之果，需以个体应得权益机制加以分配保障。

但另一方面，无数事实经验证明，如果人们行事可以不必承担责任，其行为就会变得无所顾忌、为所欲为，失去对他人权利的基本尊重，社会秩序便会解体。因此很明显，在缺乏相应规制性规则的情况下，与权益供给相比，不担责任可能对社会秩序危害更大。基于此，环境权益和更广泛生产生活权益背后的责任配置才是集体甚至人群种属可持续性的根本前提，每个个体在总体生产中都有相应的责任。界定环境资源权益与责任配置的一个突出问题，是如何以清醒明确信号和最大接受度将这种总体生产责任并置甚至前置，形成个体行为的相应社会效应的显示机制。在此基础上，方能显示进一步配置基于资源环境生产形成的其他社会荣誉、等级和权益激励的更大意义。

比如说，2014年北京"APEC蓝"和2015年首都"阅兵蓝"成功实现的一个首要因素，就可以说是责任当头。总体来说，最根本责任首在政治责任。即保障APEC会议和大阅兵期间空气质量，是关系党和国家形象、国家政权运作、国际社会舆论、人民根本利益的重大政治任务，相应关联到有关当事人的政治前途、政治命运。最明显的责任表现是绩效责任或管理责任。每天的空气质量数据与相应空气质量标准对标比较，形成数量、质量和持续推行落实管理措施的巨大压力，相应关联到当事人的职位职级待遇和生产生活条件能否具有可持续性。最后是法律责任或社会责任。即违反管理制度和政策规定乃至触犯法律规定的不当行为及当事人，必须承担人身罚、自由罚、财产罚等相关法律后果，遭受来自社区民众的道德谴责或社会排斥后果。三种责任有机统一，领导机构重在政治责任，地方或执行部门重在绩效与管理责任，基层生产经营单位重在法律责任或社会责任，经由党政领导—执行部门—基层生产经营单位层层传递责任压力。当然，实际过程中压力传递有层际递减之虞，源头性的政治责任和传导性绩效责任压力弱化，容易导致基层生产经营单位法律责任虚无，环境违法成本很难凸显。但比较而言，由于具有明显的任务目标导向，"APEC 蓝""阅兵蓝"式的政治责任、绩效责任相对较实，对基层责任压力传递相对有效。

进一步说，具体的生态公共产品服务分配的前提也是责任，规模不断扩大、内容不断更新的应得权利诉求，意味着责任履行能力的不断升级，就有必要以清醒明确信号和最大可能接受度将总体生产责任前置，进而形成明确对应、各有侧重的责任目标体系。责任共识意义的特殊显示，可以通过特定技术手段，构建包含中央、地方、基层与社区等不同层次，包含政府官员、企业家、生产经营者、社区群众等不同主体的责任权益数据平台来进行尝试，否则，联合生产提供可能名存而实虚。而设置区别性、各有侧重的生产责任，也必伴随着个性化的履责权能激励。根据所提供生态公共产品服务的生产、消费、安全、管理、保障等功能类型和角色职能，配之以公共产品服务的政治性分配、劳动性分配、资格性分配、调节性分配、再生性分配等权益激励形式。

总之，生产责任的区别性前置，以一系列角色类型和责任分级谱系为手段，以保障责任压力效应同等化传递为目的，做到不同类型责任系列中同级责任产生同等压力效应。无论政治性、管理性的辅助生产责任，或公共生态资源直接生产经营责任，同级责任其后果应当等同。可以借鉴公务员管理中职务、职级并行经验，形成一种整体生产消费体系内可观察、可测量、可通用、效应敏感的责任分级管理标准和动态传递显示平台。不仅要让传统的政治责任管官帽子、绩效责任管职务职级待遇、法律责任管底线成本等方式各自发挥效应，而且使它们之间相互具有通价等价的传导效果。

第五节 优化资源配置和协同供求关系

优化资源配置和协同供求关系，旨在建设反应灵活、转换顺畅、调节有效的生态公共产品资源动态配置体系。主要是抓住总量管理和结构管理这一调控主线,充分发挥市场作用,充分纳入社会效应;通过总量管理和结构管理调控,实现总量与结构相对平衡;通过角色测试和综合绩效反馈动态审视调整政府市场边界,利用好发挥好市场机制作用;通过网格化、网络化及动态规划、虚拟社区等数字管理手段,反馈调整市场行为的社会效应,实现总体上优化配置路径、供求之间双向多向匹配选择等。

一 抓好总量管理和结构管理调控主线

总量管理"重视总供给和总需求在总量上的平衡,尤其是侧重总需求的稳定",结构管理"重视总供给和总需求在结构上的平衡,尤其是优化供给结构"①。在相互关系上,"总量平衡是结构平衡的必要条件,结构平衡是总量平衡的充分条件"②。"即使总量平衡,也有可能出现结构不平衡的情况。结构平衡比总量平衡要求更为严格,它要求每个相互依存的部类都要实现供需平衡。"③ 当然必须指出的是,这种供需平衡是指"由它们互相之间的矛盾而互相平衡……从一个或长或短的时期的整体来看,使供求总是互相一致;然而这种一致只是作为过去的变动的平均,并且只是作为它们的矛盾的不断运动的结果"的一种平衡,④ 因此是从长期历史过程和矛盾运动来看的一种相对而非绝对的平衡。探讨供需平衡或一致的目的和意义在于"撇开由供求变动引起的假象"来考察供求规律,"为了找出供求变动的实际趋势,为了在一定程度上把这种趋势确定下来"⑤。

---

① 张宇、谢地、任保平、蒋永穆等:《中国特色社会主义政治经济学》,高等教育出版社2017年版,第166—167页。
② 张宇、谢地、任保平、蒋永穆等:《中国特色社会主义政治经济学》,高等教育出版社2017年版,第166页。
③ 张宇、谢地、任保平、蒋永穆等:《中国特色社会主义政治经济学》,高等教育出版社2017年版,第166页。
④ 《马克思恩格斯选集》第2卷,人民出版社2012年版,第489页。
⑤ 《马克思恩格斯选集》第2卷,人民出版社2012年版,第489页。

一是总量平衡。生态公共产品的总供给量,既取决于生态产品生产资料或者说生态资源、生态设施等的数量与质量,也取决于生态产品劳动生产者的技能水平、就业水平和劳动时间、劳动强度、劳动与资本的关系状况,以及管理者的公共政策、文化营造等因素。总需求量,既取决于企业规模比重和利润率、政府财政状况、国际关系和世界贸易需要,也取决于居民生态消费需求。总供给大于总需求,或者说总需求不足,会导致生态产品产能过剩、生态资源浪费和设施闲置,生态产品利润过低和损害生产积极性。总供给小于总需求,或者说总需求旺盛,会导致产能不足、资源开发无序和设施紧张,价格增长过快和挫伤消费积极性,并进一步引发投资过剩。因此要通过调控总需求和总供给,尤其要通过既能快速反应又能考虑长远的政府财政政策、货币政策、投资信贷政策、税收政策、产业政策等,防止生态产品生产消费的大起大落,更要防止因生态环境问题引发的总体经济波动,稳步实现生态与经济融合、绿色发展。

二是结构平衡。需求结构包括以企业为主的投资需求,以劳动者家庭为主的居民消费需求,用于履行公共职能的政府支出需求,国际竞争比较下的净出口需求四大部门。调整需求结构,表面上看是调节国民收入在企业、居民、国家、国际间的初次分配和再分配结构,在实现共同富裕基础上普遍增强生态消费力;根本上看则在于调整不同阶层的相互关系和"它们各自的经济地位"[1],充分支撑实现环境正义。供给结构的调整,应当以联合供给结构和需求结构为据,增强对需求结构的匹配性及其变动反应的灵活性。通过寻找生态需求切入点调整社会总产品中生产资料和消费资料各部门的结构,调整国有部门和民营部门的投入组合比例,削减供给过剩部门或无效部门的供给能力,增强供给不足部门的生产能力,淘汰环境资源消耗巨大的旧部门,创造和增加有利于形成绿色增长点的新部门,提高有效供给能力,减少需求外溢。

---

[1] 《马克思恩格斯选集》第2卷,人民出版社2012年版,第480页。

三是需求侧与供给侧相互影响、协同发力。需求侧与供给侧相比更具短期性、变化性，要从经济、社会、环境相协调和长远发展考虑供给侧。其中，要特别注意预防资本短期逐利导致的投资需求泡沫、金融资本狂欢和打着生态名义的商品化供给过剩而非实际产品过剩。

二 善用市场机制发挥好市场作用

当前生态公共产品资源配置首先面临的一个难题是，生态环境资源资产所有权人与占用使用人、生产经营人之间能否以及如何达成生态环境资源资产生产增殖的一致利益关系。就是说，生态环境资源这一共同利益需求及其稀缺性利害性能否在集体互动中鲜明显示出来，如何在适当群体规模上清楚示明它作为公共资源的存量流量、常量变量、增量减量的边际特征。一句话，能否实现公共资源在公共态、共有态、市场态的循环转化、顺畅转换。只有在此前提下，公共资源生产联合体、共同体作为一种生产力、生产方式以及个体客观生存条件的相互作用、相互影响特点才能得以凸显。

从总体生产角度看，生态公共产品生产过程要经历公共态、共有态、市场态等不同形态。公共态示意集体所有权益，以整体的社会性、公平性、持续性为价值取向，对公共资源总量存量的稀缺性更具敏感性。共有态示意占用使用权益，以区域的合理性、正当性、协调性为价值取向，在局部意义上对公共资源总量存量稀缺性具有敏感性。市场态示意生产经营流通权益，以个体的经济、效率、效能为价值取向，对总量存量意义的公共资源稀缺敏感性较低，而对公共资源的流量变量敏感度较高。国家（中央）是生态环境资源资产的总所有权人，作为公共态的人格化，基于政治、经济、社会以及国际国内等综合因素考量，对生态环境资源稀缺性利害性与当前存量、基准常量等具有敏感性。地方是生态环境资源资产占用使用人或分包人，是共有态的人格化，基于所处上下关系场域的多重博弈约束和边际压力效应递减，地方对生态环境资源稀缺敏感性减弱，所受生态环境资源资产的管理绩效激励相对软化。企业单位、社会机构、自治组织等生态环境资源经营人作为市场态的人格化,基于经济赢利和自身使用目的,以及环境成本低廉性、社会效应反馈缺失和公共环境资源监管困难等原因,更倾向于注重直接可及可用的环境资源流量。

用好市场机制实现三种形态有序转化、顺畅转换,是公共产品服务生产过程之公共性特征获得具体实现、持续循环和具有现实操作意义的有效保障。一是通过角色测试,逐次明确谁是直接利益相关方即谁最关注相应层次类型的生态公共产品服务生产,谁是生产提供的最佳角色,谁可以做合作方、能否结成联合伙伴关系,该产品服务的效能有多大,能否承受相应成本压力等;从而相对区分不同层级政府、企业、社会组织乃至居民等在公开市场上的运行角色与边界,使用价格机制促进生产者自由联合,发挥各自应有的生产、流通、配置、保障等功能。二是通过综合绩效反馈,促进资源以更优的价值、更多的分配数量配置到需求力和消费力更高的地区和人群,以相应的转移补贴、奖励补偿机制等配置到相对弱势的地区、阶层和人群。总之,重点在于让各种角色学会和擅长以交易者身份运用市场方式、价格机制进行资源组织、配置,实现自主意义上的联合生产。

三　社会效应反馈机制

社会效应反馈,主要是通过构建不同生产者的集体互动关系,使生态环境资源所有权人、占用人、生产经营者甚至消费者之间形成相对紧密、相对集中的任务或事务联结,在一定程度上预控和减轻各自行为造成的负面外部后果。借助社会效应反馈,以"实际的社会需要"来调节所谓需求也即"市场上出现的对商品的需要"导致的偏差和不公平现象。① 基于马克思政治经济学视角观之,两者之间不仅存在数量上的差别,也存在质上的差别。

实际来看,中央、地方等生态环境资源所有权人和占用人尚能在一定形式上通过政治行政管理体系形成较紧密的集体互动关系,但与

---

① 《马克思恩格斯选集》第 2 卷,人民出版社 2012 年版,第 488 页。

大量、多样化的生产经营人甚至消费者之间由于身份特性和目标不同，其仍缺乏紧密连续的集体互动平台。生态环境产品服务生产尚无法通过一种有效的集体互动、外部效果反馈机制而形成各方都能明确感知的利害性，生态环境资源存量流量等状态变化对各方在性质或数量方面的边际意义、激励效应差异较大，生产过程在公共态、共有态、市场态转化上存在裂缝。或用经济学语言说，无法在各部门间形成"利润的平均化"、形成"平均利润"。这往往损害不同部门对公共环境事务的积极性，甚至会造成较大分歧。

在当前智能化信息化背景下，可以尝试借助综合网格化、网络化及动态规划、虚拟社区等现代手段，加速构建硬性或柔性的主体行为社会效应反馈机制。通过综合性地构筑运用基于网格化、动态规划技术的生态公共产品服务网络管理系统，搭建数字生态系统，以便于生态环境资源管理服务部门、基层生产经营部门、消费者等进行主要环境资源事件、部件的上报、咨询查询、事务对接和联动处理。进一步说，要在当前各级自然资源、生态环境、农林、旅游等各自系统的基础上，构建一种具有强大综合运营功能的生态环境电子政务服务平台。通过在线平台，国家公共态、区域共有态、基层市场态的生态环境事务信息、重要任务等，得以在集体互动意义上有序转化和平行呈现，实现不同方面主体的双向或多向选择，抑制政府、企业、社会机构、自治组织间各自为政、各自为营的缺陷。总之，要在当前生产力发展基础上借助智能信息手段，减轻生态公共产品服务市场行为的负面外部社会效应，甚至可能通过不同圈层的互联扩展与共同体构建而展现和增强正面社会效应。

第七章　配套政策措施研究

本章主要发掘总结有利于政府优化完善生态公共产品服务的政策突破口，明确政策创新的财政可行性和政策实施的人力资源支撑或权能体系等，从而完善政府生态公共产品服务的整体性制度设计。

第一节　政策创新突破口

当前，生态公共产品是自然、劳动、资本、知识技术等要素的综合产物，是人与自然直接是对方、创造对方、媒介对方的明显表现。生态公共产品的提供，或者说，用来消除已经发现的生态弊病的手段，也必然以或多或少发展了的形式存在于已经发生变化的人与自然关系本身中。这些手段不应当从头脑中发明出来，而应当通过头脑从经济生产的物质变换的现成事实中发现出来。基于此，从根本而重要的意义上说，政策创新的突破口宜放在资本、劳动、自然关系的转换调整上，谋求实现传统雇佣劳动向自由联合劳动的转变，实现生产资本、商业资本、金融资本或总体说产业资本向自然资本的转变，实现传统经济社会权益向现代生态公民权或生态环境权的转变，进而在可能的历史性和结构性基础上，对"私有财产和金钱的统治下形成的自然观"[1]、财富观与某种更高级生产方式下的自然观、财富观加以明确区别和实践确证，实现人与自然的解放和重建人与自然关系。

---

[1] 《马克思恩格斯文集》第 1 卷，人民出版社 2009 年版，第 52 页。

一 自然资本概念值得深入开放讨论和尝试政策创新试验

自然资本概念绝不单单是政治文本的提法。① 应当说，这是走向生态文明新时代的理论、生产、发展与治理等诸多实践的需要，可以尝试从社会与自然、生产与消费、经济基础与上层建筑、历史和现代、一般与特殊等关系范畴或关联维度讨论自然资本范畴，并将之放在人与自然的统一性，或社会与自然的实在性、共在性的相互作用体系中来理解。可以说，自然资本不单纯是物或自然要素，而是以物或自然要素为中介的人与人、人与自然之间关系，是社会生产关系的一种形式规定；是在无愧于人性、正确理解和运用自然规律前提下进行人与自然之间物质变换的前提，是社会不断扩大自然界再生产和调节改善自然的智慧能力、最基本条件。如果当前资本逻辑能够深刻地理解和践行"在工业中向来就有"的"那个很著名的'人和自然的统一'，而且这种统一在每一个时代都随着工业或快或慢的发展而不断改变"②，那么"自然和历史的对立"问题"也就自行消失了"。③ 但事实远非如此。当前资本逻辑下形成的无论是支配式生产方式还是"帝国式生活方式"霸权，④ 在贸易、分工、自然资源获取、环境污染空间使用等方面形成了等级化或排斥性的总体优势，⑤ 事实上无法

---

① 习近平总书记在 2016 年 8 月省部级主要领导干部学习贯彻党的十八届五中全会精神专题研讨班上强调，要坚定推进绿色发展，实现自然资本大量增值，让良好生态环境成为人民生活的增长点，成为展现我国良好形象的发力点，让老百姓呼吸上新鲜的空气、喝上干净的水、吃上放心的食物，生活在宜居的环境中，切实感受到经济发展带来的实实在在的环境效益，让中华大地天更蓝、山更绿、水更清、环境更优美，走向生态文明新时代。这里是在高级别政治性的会议上提出自然资本说法。但马克思主义研究界或政治理论界对这一概念的进一步深入研究并不太多。参见《习近平谈治国理政》第二卷，外文出版社 2017 年版，第 210 页。

② 《马克思恩格斯文集》第 1 卷，人民出版社 2009 年版，第 529 页。

③ 《马克思恩格斯文集》第 1 卷，人民出版社 2009 年版，第 529 页。

④ Ulrich Brand and Markus Wissen, "Global Environmental Politics and the Imperial Mode of Living: Articulations of State – Captial Relations in the Multiple Crisis", *Globalizations*, Vol. 9, No. 4, 2012, pp. 547 – 560.

⑤ 郇庆治：《"碳政治"的生态帝国主义逻辑批判及其超越》，《中国社会科学》2016 年第 3 期。

"结束牺牲一些人的利益来满足另一些人的需要的状况"①，实际上也就无法结束牺牲自然来满足经济增长需要的状况。但诚如恩格斯所指出的："在现今社会中造成一切贫困和商业危机的大工业的那种特性，在另一种社会组织中正是消灭这种贫困和这些灾难性的波动的因素。"② 或者说，解铃仍需系铃人，当前充满危机的工业化过程可以在支配它的资本逻辑转化或者说与之不同的社会关系和制度安排下产生不同的自然后果。实现产业资本向自然资本的转换，创新性地实施一种深远智慧、普遍公正的投资安排或投入产出形式，或将是这种社会关系或制度安排、公正治理实践的重要一环。

二 推进多元化多样化的联合劳动联合生产深入发展

雇佣劳动是资本支配劳动关系架构下的一种间接强制劳动方式、异化劳动。受资本驱使和控制的雇佣劳动，在其基础上虽然能够形成普遍的产业，但同时也会同时再生出独立的、与劳动相对立的财富——货币资本、生产资本、商品资本，或者说控制劳动并不断驱使劳动为其增殖服务的资本自身。③ 因此它很难摆脱和对抗资本逻辑的专制，使劳动者很难再与作为自己的劳动对象和劳动资料、作为自己的无机身体的自然界实现真正的统一，使劳动者不是"把改变了形态的自然物作为中间环节放在自己和对象之间"，而是"把由他改变为工业过程的自然过程作为中介放在自己和被他支配的无机自然界之间"，"不再是生产过程的主要作用者，而是站在生产过程的旁边"④。劳动者与其劳动对象和劳动产品、劳动活动的异化，导致人和自然之间物质变换过程的巨大断裂风险，导致人的再生产和消费与自然界的再生产和消费的内在一致性日益被破坏分离，可以说是生态环境危机的重要致因。要积极在雇佣劳动基础上探索更多元、更多样化、更自

---

① 《马克思恩格斯文集》第 1 卷，人民出版社 2009 年版，第 689 页。
② 《马克思恩格斯文集》第 1 卷，人民出版社 2009 年版，第 683 页。
③ 《马克思恩格斯文集》第 8 卷，人民出版社 2009 年版，第 70 页。
④ 《马克思恩格斯文集》第 8 卷，人民出版社 2009 年版，第 196 页。

主的联合生产劳动方式和转型途径，特别是在生产力已经获得高水平发展、人在一定程度上有可能"不再从事那种可以让物来替人从事的劳动"的情况下，① 通过劳动形式的改变、通过自由自主的协作生产或"生产重组"，变"资本的独立性和个性"为活动着的个人的独立性和个性；② 进而在一定形式上发展到按资源能力和社会需要"由社会全体成员组成的共同联合体来共同地和有计划地利用生产力"③。在此方面，不拘一格地充分利用市场、产业、社会、政府、自治等各类平台载体，鼓励形成专业合作社、生产联合体等多样化的联合生产结构与协作机制，是极为重要的尝试。

由此，在自主的联合劳动和普遍的自然资本基础上产生的财富，则变成人对人与自然之间物质变换能力的充分发挥、发展的相应结果，真正作为整个自然的一部分。现实生产和财富的宏大基石将"既不是人本身完成的直接劳动，也不是人从事劳动的时间，而是对人本身的一般生产力的占有，是人对自然界的了解和通过人作为社会体的存在来对自然界的统治"④，"一旦直接形式的劳动不再是财富的巨大源泉，劳动时间就不再是，而且必然不再是财富的尺度，因而交换价值也不再是使用价值的尺度"⑤。自主的联合劳动与普遍的自然资本相结合，将具有使商品产品向社会劳动产品、向生态产品或自然产品回归的更大可能性，使作为"人本身的自然"的人口财富、作为"人的周围的自然"与人对应而言的自然财富以及两者基础上的精神财富，⑥ 进一步构成不仅社会而且自然"扩大再生产的持久基础"⑦，构成人与自然之间良性物质变换关系的持久基础，成为人与自然的整个共同体财富。新形式的财富创造和财富管理将具有综合性基础意

---

① 《马克思恩格斯文集》第 8 卷，人民出版社 2009 年版，第 69 页。
② 《马克思恩格斯文集》第 2 卷，人民出版社 2009 年版，第 46 页。
③ 《马克思恩格斯文集》第 1 卷，人民出版社 2009 年版，第 689 页。
④ 《马克思恩格斯文集》第 8 卷，人民出版社 2009 年版，第 196 页。
⑤ 《马克思恩格斯文集》第 8 卷，人民出版社 2009 年版，第 196—197 页。
⑥ 《马克思恩格斯文集》第 5 卷，人民出版社 2009 年版，第 586 页。
⑦ 《马克思恩格斯文集》第 8 卷，人民出版社 2009 年版，第 559—560 页。

义，相关讨论或将为资源环境瓶颈下的经济社会发展、为生态文明建设中的资本下乡、环境投资、财富管理等诸多焦点问题提供丰富启发或反思性注脚。

三 激励人与自然和谐共生的现代生态公民权或生态环境权成长

当前，西方学者用"生态公民权"指称现代公民应当具有的环境伦理与环境知识，认为它包括着环境正义的向度，即与穷人相比，富人因消耗更多生态空间所应担负的环境义务更多；包括着对人们所生活区域的环境友好态度或对自然的一种尊重；同时还包括着走向可持续发展社会所必不可少的环境知识与能力的激励和支持。[①] 因此，西方学者所说的生态公民权是多向度的，可能在不同的历史时期或问题形势下有不同的着重点。实际上，马克思在《资本论》《德意志意识形态》及其一系列政治经济学批判手稿和经济学哲学等著作中，早就指出资本对劳动从而对自然的支配，指出劳动者在资本支配下面临的劳动环境与健康恶化，指出劳动异化使人与自然界相异化、人与自己的生命活动相异化，以及人类生活的自然基础和人本身作为自然存在物的特定性质等，可以说已经为我们指出这种生态公民权的存在必然性和发展趋向。即这种生态公民权必然是资本主义生产方式的不断进化变革，劳动者自由权益、劳动者解放、劳动者个性发展，进而自然的解放、人与自然关系重构的一种必然趋势和结果。

在中国不断加快工业化发展的特定历史背景进而实现创新、协调、绿色、开放、共享的新发展愿景下，中国的生态公民权概念则更偏重生态环境权益的内容构建和制度与现实保障。就是说，不仅把公民的生态环境意识觉醒作为促进经济社会绿色转型的重要机遇，更以精细化的生态生产、生态消费、生态流通措施和能力建设，把严格受保护的生态环境权益作为各项政策法令的优先内容加以落实。

---

① ［澳］约翰·S. 德赖泽克：《地球政治学：环境话语》，蔺雪春、郭晨星译，山东大学出版社2008年版，第219—220页。

第二节　政策创新的财政调整可能性

政策创新及其实施需要根据具体情况进行大量资金投入。生态公共产品服务体系建设或生态公共产品服务提供，实质涉及人类社会系统与自然系统各自的内部作用，更涉及人与自然整个生态系统的复杂作用，因此是一个双重甚至多重复杂的系统。但对既定的主体社会、政府管理来说，仍要从其自身运行入手来分析其财政资金问题。因此，一个虽然狭义但比较简明的生态公共产品投入分析渠道，同时也囿于研究者当前可以获得的数据限制、时间限制，以及各种公共统计口径的差异等问题，似乎可以通过政府对节能环保方面的投入，或者扩展一点是资源与环境方面的投入来进行。在可能情况下将这些方面的最终报告数据与预算、预期数据加以对比，或与占GDP比重等国际通行标准加以对比，从而在一定意义上判断生态环境投资的潜在增长空间，或能取得见微知类、触类旁通的结果、效果。

一　财政部公布的各年度全国决算数据分析

其中，中央本级支出、地方一级支出项目一般分别有22、23项；其中第十项为"节能环保支出"，包括：环境保护管理事务、环境监测与监察、污染防治、自然生态保护、天然林保护、退耕还林、退牧还草、风沙荒漠治理、已垦草原退耕还草、能源节约利用、污染减排、可再生能源、循环经济、能源管理事务、其他节能环保支出等15个细项，这些项目对生产公共产品提供可以说具有一定代表性、汇总性。[①] 通过统计分析生态文明建设战略提出十年以来的节能环保

---

① 这些数据的来源，可参见财政部网站"财政数据"中的各年度全国财政决算，http://www.mof.gov.cn/zhengwuxinxi/caizhengshuju/，2019年5月13日。GDP数据则可参见国家统计局网站"统计数据"中的国民经济核算年度数据，http://data.stas.gov.cn/easyquery.htm?cn=C01，2019年5月13日。其中箭头上下方向，表示决算数与预算数相比增加、减少，或与上年度相比增加、减少趋势。同时，文中各类支出或收入的数字单位皆为亿元，由于表格较多和简明起见，除首次说明外，其他表格没有再列出单位说明。

第七章 配套政策措施研究

支出数据，可以发现其变化态势、总体特点。

相关数据表明，2007年党的十七大提出生态文明建设以来，中央与地方两级节能环保总支出呈大幅增加趋势，2017年是2008年的2.31倍，十年间增长131.6%。细分来看，中央有6年实现增长，除去特别情况外，从37.35亿增长到297.07亿，增长6.95倍。地方则历年持续增长，从1385.15亿增长到5266.77亿，增长2.8倍。中央有9年决算数超过预算数，地方有6年决算数超过预算数。地方决算数呈连续上升态势，中央决算数则呈不稳定态势，并出现倒"V"形结构。

但与GDP数据比较，2017年的GDP是2008年的2.57倍，十年间增长157.09%。两级节能环保总支出占GDP的比重处于0.55%—0.86%之间，始终未能突破1%，平均0.65%。尽管个别年份如2011年与2010年相比、2015年与2014年相比、2017年与2016年相比，由于总支出迅猛增加而可能导致十年间节能环保总支出年均增长率达13.36%，远超十年间年均10.26%的GDP增长率。[①] 但从整个增长率上看，中央地方节能环保总支出十年增长131.6%，仍未能追平157.09%的GDP十年增长率。

表7-1　　　　　　　2008年以来全国节能环保支出情况

节能环保支出（亿元）	2008	2009	2010	2011	2012
中央财政支出					
决算数占总支出比重	2.86%	0.25%↓	0.43%↑	2.88%↑	0.34%↓
决算数为预算数的%	101.2↑	101.5↑	125.7↑	102.0↑	100.3↑

---

① 该GDP增长率以国家统计局网站"统计数据"中的国民经济核算年度数据GDP数字计算所得，方法是（报告期-基期）/基期，共得9个增长率数字，9个增长率数字加和/9，即得十年平均GDP增长率。当然，这种算法可能与其他科学算法有异。但文中节能环保支出等各类区间段的年均增长率亦由此法算出。因此，在算法上都保持了一致性，因而应当是有可比性的。http://data.stas.gov.cn/easyquery.htm? cn=C01，2019年5月13日。

续表

节能环保支出（亿元）	2008	2009	2010	2011	2012
地方财政支出					
决算数占总支出比重	2.76%	3.11%↑	3.21%↑	2.77%↓	2.71%↓
决算数为预算数的%	115.3↑	111.0↑	112.5↑	93.8↓	99.9↓
中央地方两级节能环保支出（决算数）	2425.45	1934.04↓	2441.98↑	4189.82↑	2963.46↓
GDP	319244.6	348517.7	412119.3	487940.2	538580.0
中央地方两级节能环保支出占总支出比重	2.80%	2.53%	2.72%	2.81%	2.35%
中央地方两级节能环保支出占GDP比重	0.76%	0.55%	0.59%	0.86%	0.55%

表 7-2　　2008 年以来全国节能环保支出情况（续）

节能环保支出（亿元）	2013	2014	2015	2016	2017
中央财政支出					
决算数占总支出比重	0.49%↑	1.53%↑	1.57%↑	1.09%↓	1.17%↑
决算数为预算数的%	107.0↑	118.6↑	137.5↑	95.1↓	118.0↑
地方财政支出					
决算数占总支出比重	2.79%↑	2.67%↓	2.93%↑	2.77%↓	3.04%↑
决算数为预算数的%	104.5↑	96.3↓	117.8↑	98.2↓	117.8↑
中央地方两级节能环保支出（决算数）	3435.15↑	3815.64↑	4802.89↑	4734.82↓	5617.33↑
GDP	592963.2	641280.6	685992.9	740060.8	820754.3
中央地方两级节能环保支出占总支出比重	2.45%	2.51%	2.73%	2.33%	2.77%
中央地方两级节能环保支出占GDP比重	0.58%	0.60%	0.70%	0.64%	0.68%

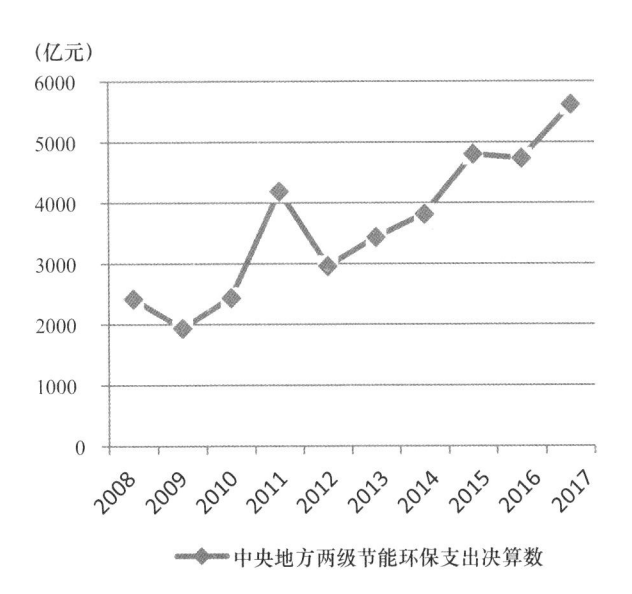

图 7-1 中央地方两级节能环保总支出变化趋势

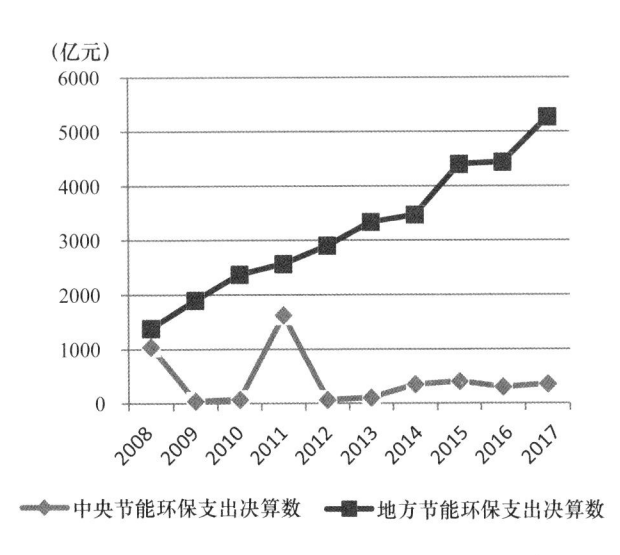

图 7-2 中央地方两级节能环保支出变化趋势

表7-3　2008年以来中央地方两级节能环保支出占本级总支出比重

	2008	2009	2010	2011	2012	2013	2014	2015	2016	2017
中央财政支出占本级总支出比重	2.86%	0.25%	0.43%	2.88%	0.34%	0.49%	1.53%	1.57%	1.09%	1.17%
地方财政支出占本级总支出比重	2.76%	3.11%	3.21%	2.77%	2.71%	2.79%	2.67%	2.93%	2.77%	3.04%

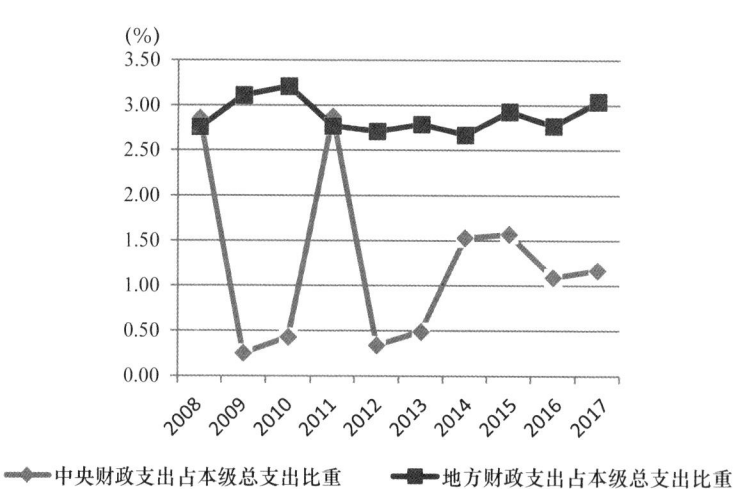

图7-3　中央地方两级节能环保支出占本级总支出比重变化趋势

表7-4　2008年以来中央地方两级节能环保支出占总支出比重

	2008	2009	2010	2011	2012	2013	2014	2015	2016	2017
中央地方两级节能环保支出占总支出比重	2.80%	2.53%	2.72%	2.81%	2.35%	2.45%	2.51%	2.73%	2.33%	2.77%

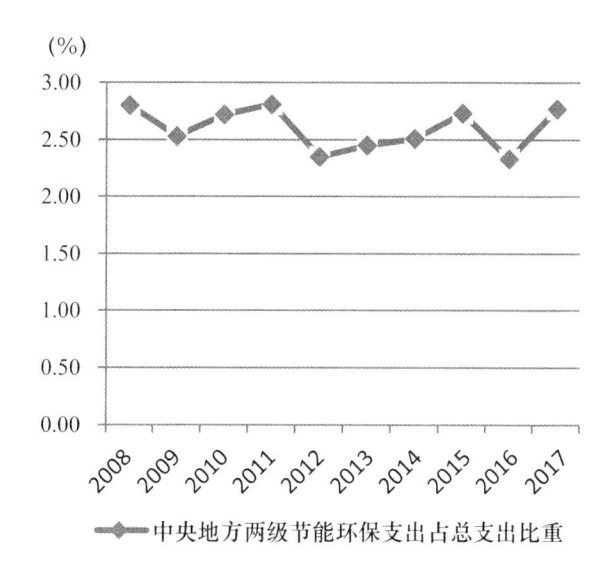

图 7-4 中央地方两级节能环保支出占总支出比重变化趋势

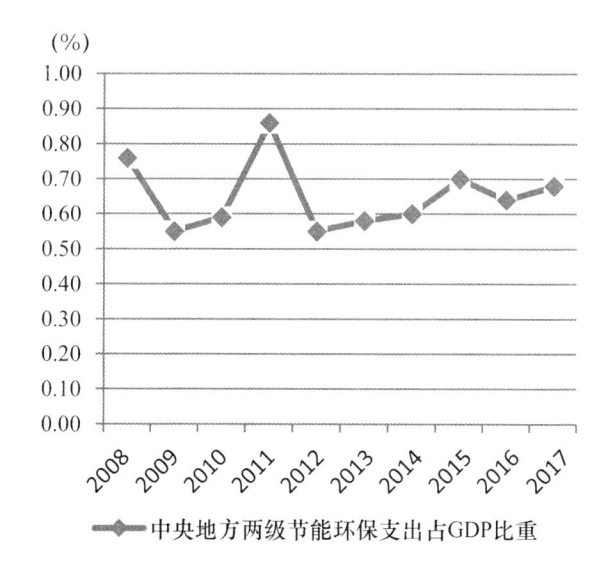

图 7-5 中央地方两级节能环保支出占 GDP 比重变化趋势

表7-5　2008年以来中央地方两级节能环保支出占GDP比重

	2008	2009	2010	2011	2012	2013	2014	2015	2016	2017
中央地方两级节能环保支出占GDP比重	0.76%	0.55%	0.59%	0.86%	0.55%	0.58%	0.60%	0.70%	0.64%	0.68%

二　国家统计局公布的资源与环境数据分析

包括主要矿产基础储量、水资源、供水用水情况、废水主要污染物排放、废气主要污染物排放、城市生活垃圾清运和处理情况、森林资源、造林面积、林业重点工程造林面积、草原建设利用、自然保护基本情况、自然灾害、地质灾害及防治、森林火灾、森林病虫鼠害防治、地震灾害、环境污染治理投资、工业污染治理投资等18项。① 其中，最直接相关或最主要的是环境污染治理投资统计，包括城市环境基础设施建设投资额、城市燃气建设投资额、城市集中供热建设投资额、城市排水建设投资额、城市园林绿化建设投资额、城市市容环境卫生建设投资额、工业污染源治理投资（即上述工业污染治理投资）、建设项目"三同时"环保投资额等8个细项。由于前述节能环保支出十年数据的时间范围较窄，此处再把时间拉长，统计分析自2000年至2017年可获得的环境污染治理投资数据，初步总结其变化态势或特点。

数据表明，2000年以来全国环境污染治理投资大幅增长，2017年是2000年的9.4倍，18年间增长840%，呈阶梯式上升态势。环境污染治理投资占GDP的比重，从1%升至1.85%，平均为1.32%，

---

① 数据来源可参见国家统计局网站"统计数据"中的资源与环境数据，http://data.stas.gov.cn/easyquery.htm?cn=C01，2019年5月13日。

但其变化态势呈现倒"V"形结构。从现有统计数据细分来看，2001—2005年"十五"期间环境污染治理投资累计8399.4亿，占GDP比重平均为1.15%；而《国家环境保护"十五"规划》预计投资需求为7000亿元，约占同期GDP的1.3%。① 2006—2010年"十一五"期间环境污染治理投资累计16148.72亿元，占GDP比重平均为1.47%；《国家环境保护"十一五"规划》预计投资需求是占同期GDP的1.35%。② 2011—2015年"十二五"期间环境污染治理投资累计42786.49亿元，占GDP比重平均为1.46%；而《国家环境保护"十二五"规划》预计投资需求3.4万亿元。③

表7-6　　　　　　2000年以来历年环境污染治理投资

	2008	2009	2010	2011	2012	2013	2014	2015	2016	2017
环境污染治理投资	4937.03	5258.39	7612.19	7114.03	8253.46	9037.20	9575.50	8806.30	9219.80	9538.95

			2000	2001	2002	2003	2004	2005	2006	2007
环境污染治理投资			1014.90	1106.70	1367.20	1627.70	1909.80	2388.00	2566.00	3387.30

---

① 《国务院关于国家环境保护"十五"计划的批复》，国函〔2001〕169号，2001年12月26日。
② 《国务院关于印发国家环境保护"十二五"规划的通知》，国发〔2007〕37号，2007年11月22日。
③ 《国务院关于印发国家环境保护"十二五"规划的通知》，国发〔2011〕42号，2011年12月15日。

表7-7　　2000年以来历年环境污染治理投资占GDP比重

	2008	2009	2010	2011	2012	2013	2014	2015	2016	2017
环境污染治理投资（亿元）	4937.03	5258.39	7612.19	7114.03	8253.46	9037.20	9575.50	8806.30	9219.80	9538.95
GDP	319244.6	348517.7	412119.3	487940.2	538580.0	592963.2	641280.6	685992.9	740060.8	820754.3
环境污染治理投资占GDP比重	1.55%	1.51%	1.85%	1.46%	1.53%	1.52%	1.49%	1.28%	1.25%	1.16%
		2000	2001	2002	2003	2004	2005	2006	2007	
环境污染治理投资		1014.90	1106.70	1367.20	1627.70	1909.80	2388.00	2566.00	3387.30	
GDP		100280.1	110863.1	121717.4	137422.0	161840.2	187318.9	219438.5	270092.3	
环境污染治理投资占GDP比重		1.01%	1.00%	1.12%	1.18%	1.18%	1.27%	1.17%	1.25%	

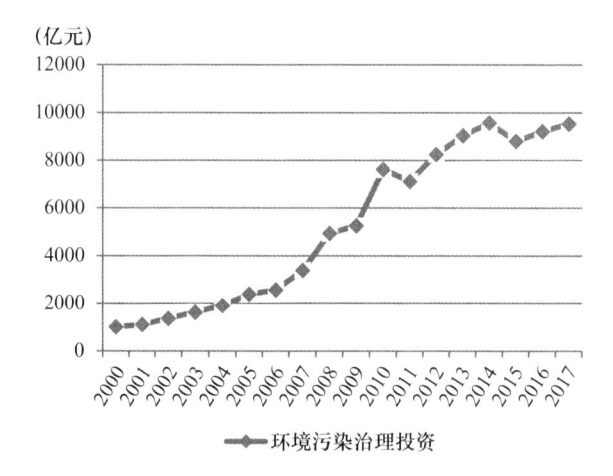

图7-6　2000年以来历年环境污染治理投资变化趋势

表7-8 "十五"到"十二五"环境污染治理投资及占GDP比重

	十五 2001—2005	十一五 2006—2010	十二五 2011—2015
环境污染治理投资	8399.4	16148.72	42786.49
环境污染治理投资占GDP平均比重	1.15%	1.35%	1.46%

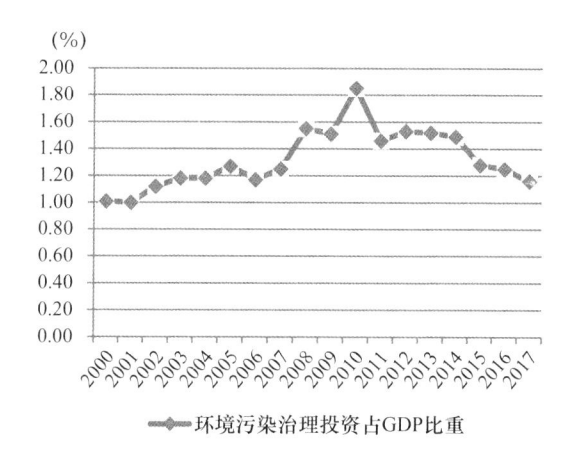

图7-7 2000年以来历年环境污染治理投资占GDP比重变化趋势

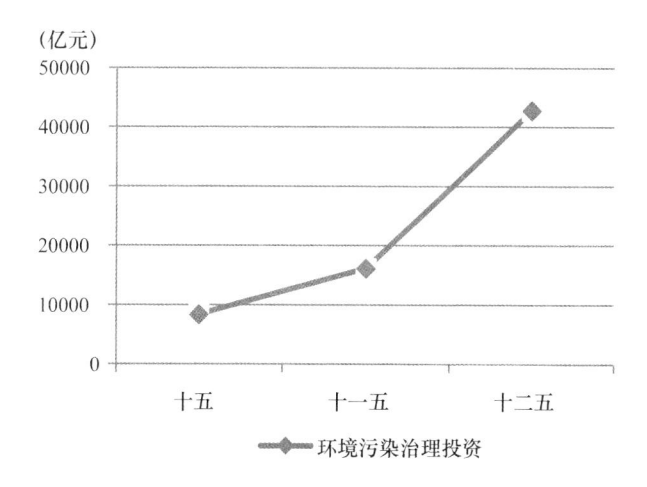

图7-8 "十五"到"十二五"环境污染治理投资变化趋势

◇◇◇ 生态公共产品政府提供机制优化研究

综上可以说，一是节能环保支出占 GDP 比重平均只有 0.65%，中央地方节能环保支出增长率仍未能追平 GDP 增长率。而且这个比重，与教育、卫生、科技等公共事业支出占 GDP 比重相比还有非常大的差距，在教育、科技、文化、卫生、环境等五项公共事业中只列第 4 位（见表 7-9、7-10，图 7-10）。① 二是环境污染治理投资占 GDP 比重平均达 1.32%，"十五""十一五""十二五"期间实际环境投资能够实现预期的环境保护规划投资需求，实际上具有实现预期投资目标的能力和潜力。三是根据发达国家经验，环保投入要达到 GDP 的 1%—1.5%、才能控制环境污染，达到 GDP 的 2%—3% 环境质量才会改善。我们目前的投资占比是 1.32%，距离 2%—3% 的质量改善空间还有一定距离。因此从总体上看，生态环境领域、生态公共产品服务体系的投资必要性和增长空间应当说都是具备的。由此，可以考虑引导设立专门的自然资本基金、政策性绿色发展银行的可能性。

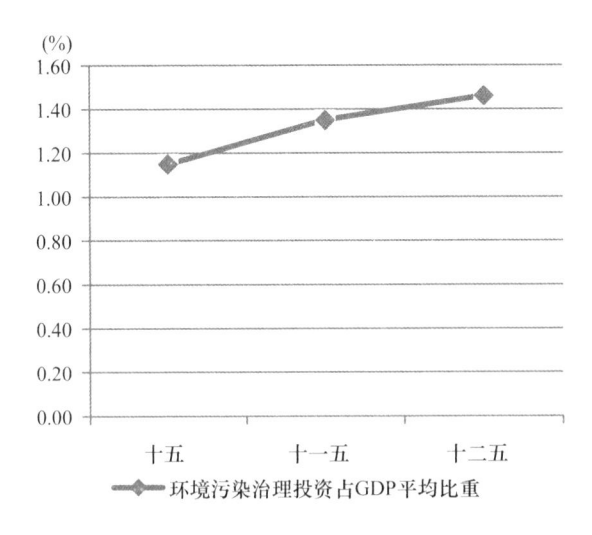

图 7-9 "十五"到"十二五"环境污染治理投资占 GDP 比重变化趋势

---

① 相应数据来源，可参见财政部网站"财政数据"中的各年度全国财政决算，http://www.mof.gov.cn/zhengwuxinxi/caizhengshuju/，2019 年 5 月 13 日。

表7-9　　2008年以来全国节能环保支出与教育、
科技、文化、卫生支出占GDP比重对比

	排序	2008	2009	2010	2011	2012
教育支出（占GDP比重）	1	9010.21（2.82%）	10437.54（2.99%）	12550.02（2.97%）	16497.33（3.44%）	21242.10（3.94%）
医疗卫生与计划生育支出（占GDP比重）	2	2757.04（0.86%）	3994.19（1.15%）	4804.18（1.17%）	6429.51（1.32%）	7245.11（1.35%）
科学技术支出（占GDP比重）	3	2129.21（0.67%）	2744.52（0.79%）	3250.18（0.79%）	3828.02（0.78%）	4452.63（0.83%）
中央地方两级节能环保支出（占GDP比重）	4	2425.45（0.76%）	1934.04（0.55%）	2441.9（0.59%）	4189.82（0.86%）	2963.46（0.55%）
文化体育与传媒支出（占GDP比重）	5	1095.74（0.34%）	1393.07（0.40%）	1542.70（0.37%）	1893.36（0.39%）	2268.35（0.42%）

表7-10　　2008年以来全国节能环保支出与教育、
科技、文化、卫生支出占GDP比重对比（续）

	排序	2013	2014	2015	2016	2017
教育支出（占GDP比重）	1	22001.76（3.71%）	23041.71（3.60%）	26271.88（3.83%）	28072.8（3.79%）	30153.18（3.67%）
医疗卫生与计划生育支出（占GDP比重）	2	8279.90（1.40%）	23041.71（3.59%）	11953.18（1.74%）	13158.77（1.78%）	14450.63（1.76%）
科学技术支出（占GDP比重）	3	5084.30（0.86%）	5314.45（0.83%）	5862.57（0.86%）	6653.96（0.90%）	7266.98（0.89%）
中央地方两级节能环保支出（占GDP比重）	4	3435.15（0.58%）	3815.64（0.60%）	4802.89（0.70%）	4734.82（0.64%）	5617.33（0.68%）
文化体育与传媒支出（占GDP比重）	5	2544.39（0.43%）	2691.48（0.42%）	3076.64（0.45%）	3163.08（0.43%）	3391.93（0.41%）

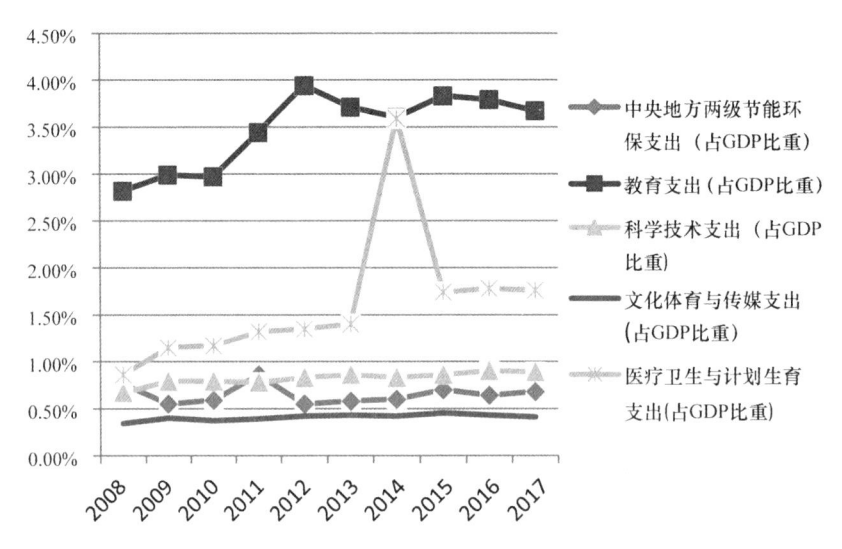

图 7-10　2008 年以来全国节能环保支出与教育、
科技、文化、卫生支出占 GDP 比重对比

第三节　政策创新的事权调整可能性

政策创新与实施最终要转化为一系列的任务项目，需要在各管理或执行层级之间形成灵活有机的事权体系。财权、人力资源与事务责任不匹配，不仅主观上会直接影响各层级的积极性，客观上更会超越相应层级本身的实际能力，甚至导致压力过大、敷衍塞责、疲于应付等负面问题。对于生态公共产品体系优化建设的事权机制调整问题，可以通过比较中央地方财政收支比重尤其是节能环保等收支比重，生态环境机构职能体系特点或承担环保职能的人力资源结构，以及近年来中央环保督察反映的生态环境政策执行情况等来进行。它们或能在一定程度上反映生态公共产品服务事权调整的可能性或突破点。

一　中央和地方财政收支比重、节能环保支出比重分析

中央地方节能环保事权体系有进一步调整空间。从中央和地方总体

第七章 配套政策措施研究

的财政收支比重看,中央总体的支出比重要大幅超过其收入比重;而地方总体的支出比重则大幅小于其收入比重(见表7-11、7-12、7-13、7-14,图7-11、7-12、7-13、7-14)。这说明,中央总体承担的事务比例与地方相比较大较重。但从中央和地方的节能环保支出比重、财政收入比重的关联角度看,中央节能环保支出比重要远远小于其财政收入比重,除个别情况外,两者差距在24.25%—34.18%之间;而地方节能环保支出比重则远远大于其财政收入比重,除去个别情况外,两者差距也在24.25%—34.18%之间(见表7-15、7-16、7-17、7-18,图7-15、7-16、7-17)。这又说明,与中央相比,地方承担的节能环保事务比例较大较重。因此两相比较,中央收入占比少,总开支大,但花在节能环保事务上的比例小;地方收入占比大,总开支小,但花在节能环保事务上的比例却较大。从中央到地方,节能环保与各项事务之间的比例是有调节余地的。

表7-11　　　　　2008年以来中央地方财政收入比重

	2008	2009	2010	2011	2012
中央财政收入(亿元)	34726.93	34620.71	42588.47	52827.32	58875.23
占总收入比重	38.93%	36.14%	36.86%	36.36%	35.40%
地方财政收入(亿元)	51640.55	61166.38	72954.13	92468.32	107436.71
占总收入比重	61.07%	63.86%	63.14%	63.64%	64.60%
中央地方财政总收入(亿元)	86367.48	95787.09	115542.60	145295.64	166311.94

表7-12　　　　　2008年以来中央地方财政收入比重(续)

	2013	2014	2015	2016	2017
中央财政收入(亿元)	61198.48	65493.45	70267.19	73665.10	82756.73
占总收入比重	34.34%	33.94%	32.59%	33.68%	33.41%
地方财政收入(亿元)	117031.08	127467.62	145335.07	145060.00	164928.34
占总收入比重	65.66%	66.06%	67.41%	66.32%	66.59%
中央地方财政总收入(亿元)	178229.56	192961.07	215602.26	218725.1	247685.07

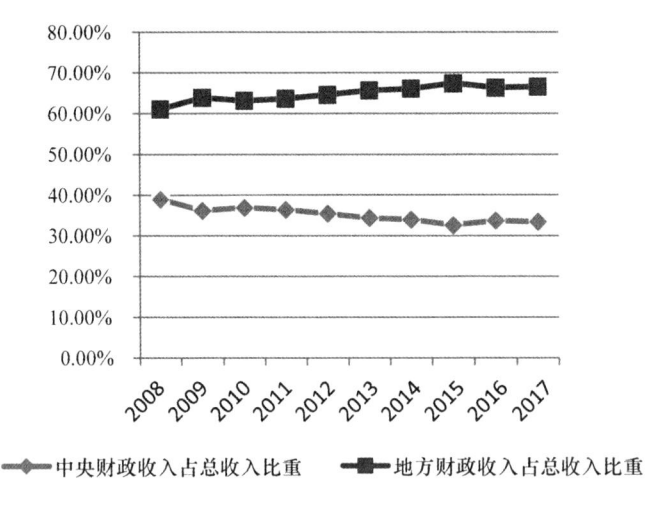

图 7-11　2008 年以来中央地方财政收入占比变化趋势

表 7-13　　　　2008 年以来中央地方两级财政支出比重

	2008	2009	2010	2011	2012
中央支出（亿元）	36334.93	43819.58	48330.82	56435.32	64126.31
占中央地方两级支出比重	41.99%	41.86%	39.55%	37.83%	37.43%
地方支出（亿元）	50194.86	61044.14	73884.43	92733.68	107188.34
占中央地方两级支出比重	58.01%	58.14%	60.45%	62.17%	62.57%
中央地方两级支出（亿元）	86529.79	104863.72	122215.25	149169	171314.65

表 7-14　　　　2008 年以来中央地方两级财政支出比重（续）

	2013	2014	2015	2016	2017
中央支出（亿元）	68491.68	74161.11	82010.12	88261.69	95999.89
占中央地方两级支出比重	36.39%	36.46%	35.29%	35.50%	35.66%
地方支出（亿元）	119740.34	129215.49	150335.62	160351.36	173228.34
占中央地方两级支出比重	63.61%	63.54%	64.71%	64.50%	64.34%
中央地方两级支出（亿元）	188232.02	203376.6	232345.74	248613.05	269228.23

第七章 配套政策措施研究

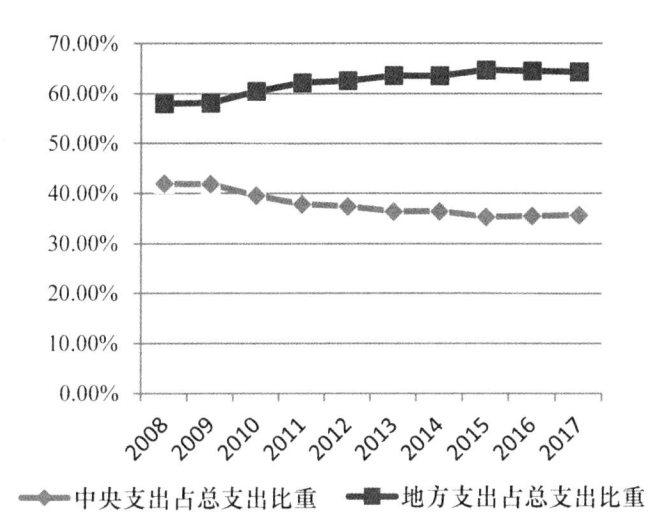

图 7-12 2008 年以来中央地方支出比重变化趋势

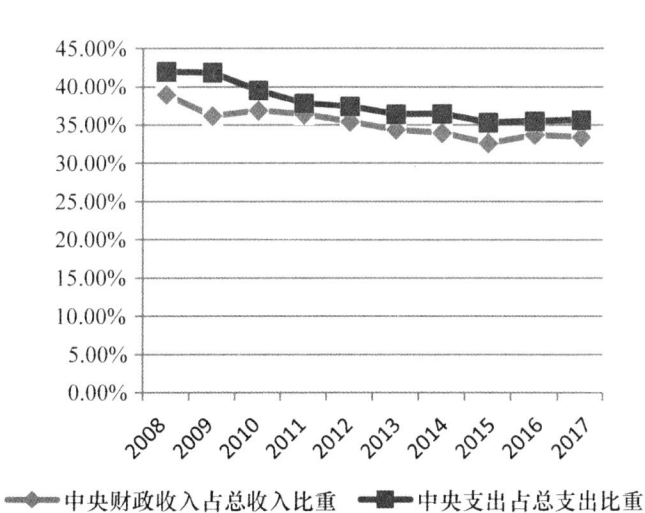

图 7-13 中央财政收入占比与支出占比变化趋势及两者对比

◇◇◇ 生态公共产品政府提供机制优化研究

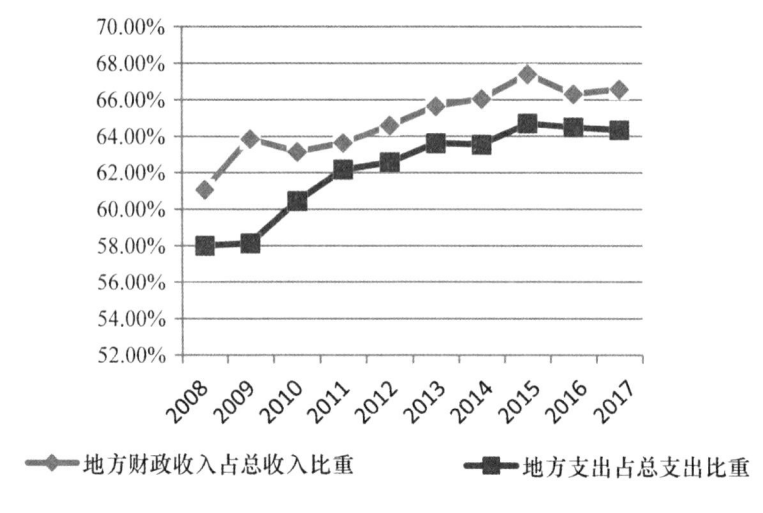

图 7-14 地方财政收入占比与支出占比变化趋势及两者对比

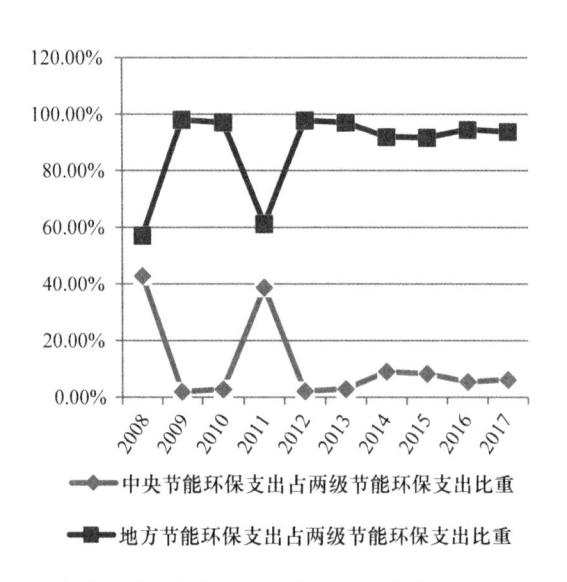

图 7-15 中央和地方节能环保支出占两级节能环保支出比重变化趋势

第七章 配套政策措施研究

表7-15 2008年以来中央地方两级节能环保支出比重

	2008	2009	2010	2011	2012
中央节能环保支出 占两级节能环保支出比重	42.89%	1.96%	2.85%	38.74%	2.15%
地方节能环保支出 占两级节能环保支出比重	57.11%	98.04%	97.15%	61.26%	97.85%
中央地方两级节能环保支出（亿元）	2425.45	1934.04	2441.98	4189.82	2963.46

表7-16 2008年以来中央地方两级节能环保支出比重（续）

	2013	2014	2015	2016	2017
中央节能环保支出 占两级节能环保支出比重	2.92%	9.03%	8.34%	5.48%	6.24%
地方节能环保支出 占两级节能环保支出比重	97.08%	91.97%	91.66%	94.52%	93.76%
中央地方两级节能环保支出（亿元）	3435.15	3815.64	4802.89	4734.82	5617.33

表7-17 2008年以来中央节能环保支出比重与中央财政收入比重对比

	2008	2009	2010	2011	2012	2013	2014	2015	2016	2017
中央节能环保支出占两级节能环保支出比重	42.89%	1.96%	2.85%	38.74%	2.15%	2.92%	9.03%	8.34%	5.48%	6.24%
中央财政收入占总收入比重	38.93%	36.14%	36.86%	36.36%	35.40%	34.34%	33.94%	32.59%	33.68%	33.41%
两者相差	3.96%	-34.18%	-34.01%	2.38%	-33.25%	-31.42%	-24.91%	-24.25%	-28.20%	-27.17%

表7-18 2008年以来地方节能环保支出比重与地方财政收入比重对比（续）

	2008	2009	2010	2011	2012	2013	2014	2015	2016	2017
地方节能环保支出占两级节能环保支出比重	57.11%	98.04%	97.15%	61.26%	97.85%	97.08%	91.97%	91.66%	94.52%	93.76%

续表

	2008	2009	2010	2011	2012	2013	2014	2015	2016	2017
地方财政收入占总收入比重	61.07%	63.86%	63.14%	63.64%	64.60%	65.66%	66.06%	67.41%	66.32%	66.59%
两者相差	-3.96%	34.18%	34.01%	-2.38%	33.25%	31.42%	25.91%	24.25%	28.20%	27.17%

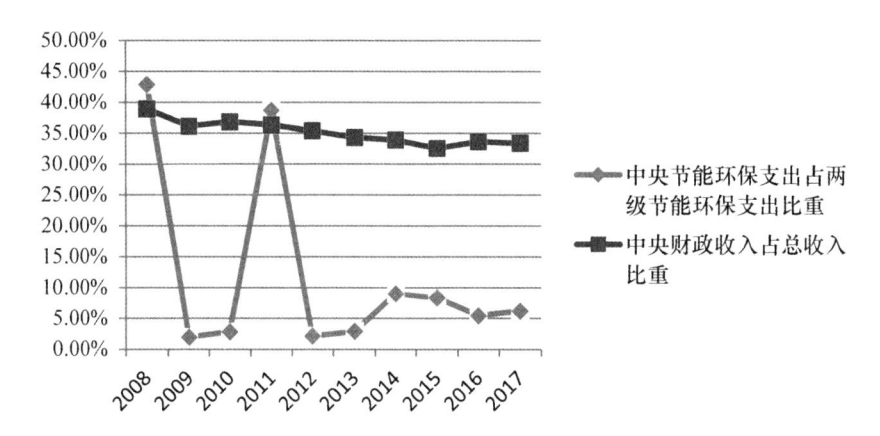

图 7-16 中央节能环保支出比重与中央财政收入比重对比

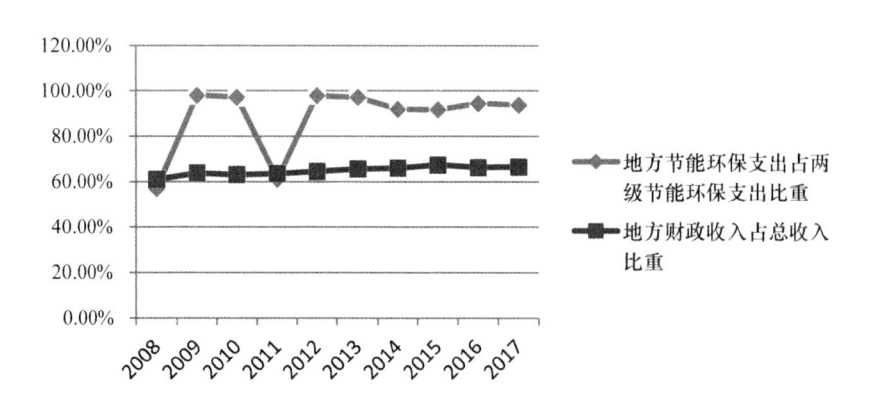

图 7-17 地方节能环保支出比重与地方财政收入比重对比

二 政府生态环境机构职能体系分析

总体上看，目前的生态环境部门职能可以归纳为16大项（见表7-19）。① 但除生态环境部门承担必然的生态环境保护工作、作为提供生态公共产品服务的核心力量之外，还有一系列关联机构和职能体系，他们对生态公共产品服务的提供都有重大功能或影响（见图7-18）。一是各级政府首脑在生态公共产品决策、生态文明战略融入本级经济社会发展决策中发挥关键作用，其是否具备强有力的政策推动，往往可以呈现截然不同的生态融合结果。二是当前环境形势及重点政策催生的协调部门、专项机构充当生态公共产品服务能力倍增器。比如各种生态功能区、生态经济区、生态省市或生态文明示范区建设办公室等，可以扩大生态公共产品服务及相应政策的传递导向、改善治理结构。三是环境依赖性较强及环境影响较大的职能部门成为生态公共产品服务提供的生力军。科学规划集约使用生态环境资源，协同民生需求和自然保护关系，被列入农林牧副渔水矿以及特殊资源、房地产、交通、化工等众多领域职能部门的重要议事日程。

表7-19　　　　　　　　　　生态环境部门职能

生态环境部门职能种类16大项
1. 基本制度　　　7. 生态环境监测　　　13. 环境宣传教育 2. 规划计划　　　8. 生态环境投资　　　14. 环境信息公开 3. 总量减排　　　9. 环评准入管理　　　15. 应对气候变化 4. 污染防治　　　10. 环境监察执法　　　16. 环境合作 5. 生态保护修复　　11. 环境安全与应急 6. 环保督察　　　12. 环境科技与研究

---

① 当前生态环境部门职能体系及相应特点，主要是根据国家生态环境部及各省市生态环境厅局网站机构职能公开资料整理总结。

生态公共产品政府提供机制优化研究

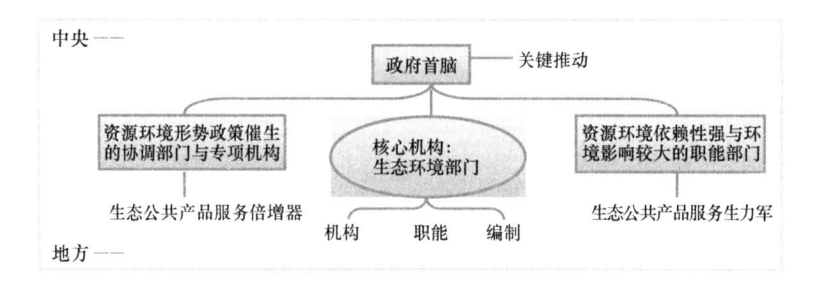

图 7-18　政府生态公共产品服务职能体系

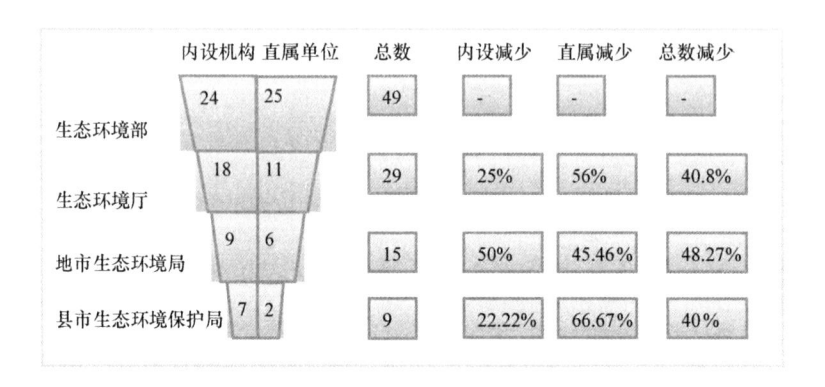

图 7-19　政府生态环境职能体系部门设置示例①

我们具体来看一看地方生态环境职能体系，由生态环境部起、自省厅至县局在部门设置、职能划分、人员编制等方面呈现以下特点：一是部门设置从上至下呈现规模递减，上级设置详细庞杂，下级设置集约简化，"上面千条线，下面一根针"（见图 7-19）。二是职能设计自上而下由宏观到微观，呈现"规划指导→动员参与→执行落实"等进程性特点，

---

① 其中职能部门数量的资料来源于生态环境部以及各相应的省厅、地市、县市部门网站。数字计算则采用平均数。其中各省厅资料和数据，海南、浙江、山西由于内设和直属部门属于合并公示的总数，因此未计算在内。另外在资料查找和计算时，河北、宁夏、广东等部分省厅网站在建设中未能及时开放登录，故亦未计算在内。各地市部门的设置由于数量众多，故重点采用山东省的地市生态环境部门设置的平均数；县市部门则重点采用烟台市的部门设置的平均数。当然，此计算方法有很多不当之处，但主要是为了争取在总趋势上和一定程度上说明问题、展示特点。

第七章 配套政策措施研究

不同层级各有侧重。生态环境部重在总体规划指导，省厅重在地域功能区划，地市重在动员参与，县市重在执行落实。三是人员编制自上而下数量递减，部门级别越高，行政和事业编制总额越大。部和省厅综合管理职能人员及所属教育研究、宣传服务类事业人员较多，地县则综合管理人员较少，事务性的环境监测、监察执法人员较多（见图7-20）。①

	行政编制 事业编制	总数	行政减少	事业减少	总数减少
山东省环境保护厅		463	-	-	
烟台市环境保护局		228	62.4%	47.8%	50.8%
莱州市环境保护局（烟台代管县级市）		79	74.3%	63.7%	65.4%

图7-20 环境监测执法垂直改革前地方环保部门编制示例②

三 中央环保督察及中央环保督察"回头看"分析

观察2016年以来中央连续进行的几轮环保督察以及中央环保督察"回头看"活动反映的生态环境领域政策执行情况，可以发现，"推进落实不够有力""不作为乱作为""降低标准、放松要求""隐瞒违法事实"等是中央环保督察反馈情况使用的高频词；"认识不到位""责任担当不够""政治站位不高""虚假整改""表面整改""纸面整改""敷衍整改"等则是中央环保督察"回头看"使用的高频词。虽然用词有别，但它们普遍反映出中央与地方部门在生态环境

---

① 可参见蔺雪春《地方政府生态文明建设职能评析》，《中国特色社会主义研究》2015年第3期。当然，由于党的十九大以来进行大幅度的政府机构改革，推进省以下环境监测与执法的垂直管理，人员编制等正处于变化之中。但各类编制的比例关系、隶属关系、原有编制处置等问题仍较复杂。

② 由于当前生态环境部门机构改革仍未完成，编制数据等统计资料不确定，因此仍通过和保留了改革前的重点数据示例进行说明。需要注意的是，当下改革把县市环保部门改成了地市环保机构的分局或派出机构。

领域的复杂博弈关系。同时也反映出生态环境领域相应政策制度的功能优势属性不强或政策创新制定与其实际运作脱节、异化从而执行难，压力层际传递弱化，不同层际场域部门对技术、绩效、合法性目标的供给需求不平衡，多重任务压力和信息不对称导致的地方策略性应对、激励扭曲以及应得权利与供给不平衡，政策运行关系没有理顺等问题。[①]

综上三方面内容，党的十九大以来主要是2019年以来推进省厅以下环境监测与执法队伍垂直管理改革可以说是生态环境领域事权调整的一个重要开端，但也只能说是政府生态公共产品服务事项、事权调整的一部分。促进整体的生态环境事务有效对接统一、上下级和多方互动合作、执行力量下沉、管理转向服务、限制约束转向发展激励、从边缘议程转向核心引领议题等，仍有很大完善空间。由此，需要加快出台生态文明政策操作标准，形成普遍和重量级的生态文明政绩考核模式，并考虑环境部门与发展改革部门联合运行的可能性，或者考虑环保事务双重领导甚至垂直管理方式的可能性。

总之，对于生态公共产品政府提供机制配套政策措施的研究，必须立足中国的实际情况和现代化进程，考虑自然资本、合作劳动、环境权益的现实重要性，把不同政府权能体系、经济社会条件作为关键节点，进而关联探讨由此涉及的自然资源资产产权政策、生产要素政策、市场化政策等配套条件。这对深化生态文明体制机制改革和制度创新、实现顶层设计有序落地有重要现实作用。

[①] 参见蔺雪春《论生态文明政策和制度的改革与完善——基于第一批中央环境保护督察及地方整改案例的分析》，《社会主义研究》2017年第4期。

结论　植根生态公共产品建设社会主义生态文明

第一节　提供量足质优生态公共产品是社会主义应有之义

公共产品或社会产品不仅仅是与私人化产品相对应的历史范畴。甚至可以说，公共产品或社会产品是与人自然形成的社会属性、社会成长相适应的概念范畴，是一个标志人的观念联系、现实联系的全面性的概念范畴。人类历史初始直到现在，作为一种类存在、类本质、类生活、类关系，也从未离开或放弃公共产品需求。在更根本和实质性的意义上，从"直接的物质的生活资料的生产"①，作为自然史的社会史、进而人类史与自然史的相互制约和统一性来说，这种公共产品的需求和供给更广泛、更深刻地表现在整体的生态系统要素上。"人靠自然界生活……自然界是人为了不致死亡而必须与之处于持续不断的交互作用过程的、人的身体。"②"像野蛮人为了满足自己的需要，为了维持和再生产自己的生命，必须与自然搏斗一样，文明人也必须这样做；而且在一切社会形式中，在一切可能的生产方式中，他都必须这样做。"③良好的自然栖息环境作为一种最基础的公共产品，

---

① 《马克思恩格斯文集》第3卷，人民出版社2009年版，第601页。
② 《马克思恩格斯文集》第1卷，人民出版社2009年版，第161页。
③ 《马克思恩格斯文集》第7卷，人民出版社2009年版，第928页。

贯穿人类历史始终。

但我们当下讨论生态公共产品问题的视野、角度，绝不单是指自然史意义的自然环境变迁，而是更多基于不同社会生产方式下的"人创造环境"①。更准确地说，指向资本主义生产方式在创造超过以往所有世代的生产力的同时，所同样导致的超过以往世代的生态环境危机问题，指向这些生态环境问题对人类社会生存的严重性、威胁性。资本主义社会制度本身无法克服资本主义生产方式对自然环境的支配和掠夺，无法解决这种生产方式与其外在生产条件之间的矛盾。尽管它可以通过生态帝国主义的种种方式向世界不同地区转移环境污染，但并不从总体上减少甚至还在全球增加了生态环境危机。而根据马克思、恩格斯等经典作家的立场、观点，社会主义作为资本主义的发展替代形式，可以按照整体的资源基础和社会需要有计划地管理"一切生产力和交换手段的支配权"以及"产品的交换和分配权"②，"由社会全体成员组成的共同联合体来共同地和有计划地利用生产力；把生产发展到能够满足所有人的需要的规模；结束牺牲一些人的利益来满足另一些人的需要的状况；"③ 实际上就是进一步结束通过牺牲自然支配自然来满足当前社会经济增长需要的状况，由此"同现在的大工业经营方式相联系的一切有害的后果，将首先被消除。危机将终止"④。

而且应当说，如果以资本为基础的私有制时代、工业时代人与自然关系方式是对以个人劳动为基础的私有制时代、农业时代人与自然关系方式的第一个否定，那么，这种资本私有制时代由于自然过程的必然性所造成的对自身的否定，则是对第一个否定的否定。这个否定之否定的历史过程和结果是，在资本的文明面和"在资本主义时代的成就的基础

---

① 《马克思恩格斯文集》第 1 卷，人民出版社 2009 年版，第 545 页。
② 《马克思恩格斯文集》第 1 卷，人民出版社 2009 年版，第 687 页。
③ 《马克思恩格斯文集》第 1 卷，人民出版社 2009 年版，第 689 页。
④ 《马克思恩格斯文集》第 1 卷，人民出版社 2009 年版，第 687 页。

上","在协作和对土地及靠劳动本身生产的生产资料的共同占有的基础上"①,就是说,在更高水平的社会主义基础上,重建人与自然的关系。

因此,基于生产方式生产关系、人与自然关系发展演化的历史大格局、大视野审视,推动社会主义发展实践对生态公共产品问题的研究,探讨社会主义如何提供量足质优的生态公共产品,分析社会主义公共制度体系或政府——政治组织方式有效提供生态公共产品的必要条件是什么,受到哪些因素影响,应当建设什么样的规范性体制机制等,符合历史和逻辑统一的必然进程。无论就克服生产方式与外在生产条件之间的现实矛盾,探讨人类生产生存的新方法新形式而言,就凸显公有制、有计划协调社会生产等社会主义的本质特征,发展社会主义优越性、增强其对资本主义制度的竞争力替代力,满足全球政治经济治理的新需求而言,还是就生态文明作为一种文明形态的内在结构和本质要求抑或文明形态的新发展新境界,重新平衡社会文明与自然关系而言,都是深化探索社会主义改革发展道路的应有之义。

第二节　系统构建马克思主义视角的生态公共产品观

对公共产品问题的研究,正如布坎南提出的五个疑问,"为什么只是到了20世纪中期,我们才见证公共物品理论的繁荣呢？当19世纪早、中期的知识界以自由放任的思维来理解社会秩序时,史学家本该预期到,一套与私人物品理论并行发展的公共物品理论将会诞生,然而很少有人想到这一点。这还罢了,就连众多名目各异的社会主义思潮也没有涉及这一理论。原因何在？社会主义改革伊始及其随后的各种变体,始终都在将物品从私人的或市场组织转移到公共的或政府——政治组织的运用之中去。为何社会主义理论家却忽略了公共提供的配置规范问题？而当他们开始探讨这个问题的时候,为什么又将

---

① 《马克思恩格斯文集》第5卷,人民出版社2009年版,第874页。

注意力仅仅限于对公共提供的私人物品的分析？为什么最高明的社会主义解决方案，反映出的却是那些纯粹以私人物品为特征的运行完美的市场经济？"①

　　他对上述及其他可能类似问题的部分解答是，"社会主义者和非社会主义者往往都接受经济体中公共部门和私人部门的二分法。社会主义方案旨在将私人物品的私人生产转换为集体管理。而对那些从一开始就在很大程度上被集体化的'公共'物品的'公共'供给，却极少关注。大概这个部门不适于进行经济分析；无论社会主义者还是非社会主义者，对它都少有兴趣。无论物品本身应当由市场提供，还是由政府提供，人们只是假定这个部门中的决策是'政治地'作出的，私人物品供求决策的分析方法对它不适用。"② 而且"在政治领域中，没有人尝试将政治选择的结果与个人价值联系起来"，尤其在每个人都越来越有更多权利"作出民主选择的时代"③。但从现实历史的实证进程、辩证发展进程来看，无论西方资本主义国家，还是社会主义国家，不论学术界还是政策界，都在通过不断适应新变化、新条件的持续改革过程，加强公共物品的集体选择或政治选择与日益个性化的社会需求之间的联系，日益认识到一开始就具有集体特征或社会性质的公共物品配置的重要性及其一系列规范问题，日益注重"公共物品的需求和供给"与"全部政治秩序理论"的"直接相关性"④。特别是在今天，从公共产品角度分析国内国际甚至全球环境治理问题的学者、文献已不在少数。与公共产品相应相关的公共池塘资源、产权或集体行动、公地悲剧等一系列概念、理论解释，也已在各种研

---

① [美]詹姆斯·M. 布坎南：《公共物品的需求与供给》，马珺译，上海人民出版社2017年版，第176页。
② [美]詹姆斯·M. 布坎南：《公共物品的需求与供给》，马珺译，上海人民出版社2017年版，第176—177页。
③ [美]詹姆斯·M. 布坎南：《公共物品的需求与供给》，马珺译，上海人民出版社2017年版，第177页。
④ [美]詹姆斯·M. 布坎南：《公共物品的需求与供给》，马珺译，上海人民出版社2017年版，第8页。

究、决策模式中得到应用。反过来，这些研究也基于自身领域特定问题的探讨进一步丰富了公共产品理论体系，促进了公共产品的供给、需求选择和个人价值偏好间的联系。

在这些研究进路中，一个比较明显的特征是，西方知识界对公共物品提供问题的研究，其理论传统或主要旨趣，仍然是注重应用私人物品供求决策的分析方法，力求一种"财政的纯粹自愿交换理论"[①]。其前提实际上仍然建立在理性经济人假设、商品人假设以及完全竞争市场条件假设的基础上，政府被视为一个超级企业，需要调整改变的重点也主要限于这个超级企业与其商品产品消费者之间的关系规则或所谓"宪政"规则。进一步从实质意义上可以归纳说，对公共物品问题的研究，不仅在于和需要基于其表面的技术特性这一路径，更在于和更需要基于公共物品所深刻内含的社会关系、社会性质、社会尺度这一研究路径。

需要指出的是，马克思主义政治经济学、科学社会主义和哲学研究的基本理论观点，已经为我们指出过一种马克思主义视角的公共物品审视分析路径，恰恰注重和反映了其"集体化""社会化"性质，是从生产端的整体性而非消费端的竞争性，从生产关系或社会关系、人与自然关系的总体联系和制约关系而非单纯的技术路径上理解把握公共产品问题，而且能够有助于公共产品在公共态、共有态、市场态之间或社会尺度上的有序协同转换。除《哥达纲领批判》中对社会总产品的分配、公共扣除等思想进行了阐述外，马克思恩格斯等经典作家还在《资本论》等经典著作中对社会产品的生产、分配、消费等进行过技术性的概括论述，从而在特定情境和发展阶段或一定程度上使公共产品及相应公共事务的"内部联系和发展过程得到科学的说明和再现"[②]。因此基于马克思、恩格斯等经典作家的思想启示，公

[①] [美]詹姆斯·M. 布坎南：《公共物品的需求与供给》，马珺译，上海人民出版社 2017 年版，第 8 页。
[②] 《马克思恩格斯文集》第 8 卷，人民出版社 2009 年版，第 2 页。

共产品不仅是消费上具有非竞争性、非排他性和不可分割性的产品，更要从其形成来源的角度将其理解为真正需要经由联合生产、总体调节、共同控制、社会分配和社会占有的产品。其功能可以在整个共同体或联合体的生产、安全、管理、共同条件保障、消费等不同类型上得以体现。这些思想观点不仅可以作为当下社会主义研究者在理论上回答布坎南疑问的一种基础，而且可以在实践上作为推动当下全球生态环境治理议题、社会主义生态文明建设的一种指南。基于这些思想观点对公共产品的社会属性，及其在人、自然、社会关系中的地位、功能、机制和发展趋向等诸多规定性的探讨，有助于形成我们当下系统构建生态公共产品的马克思主义立场、观点和方法的重要基础，在根本上凸显生态公共产品对人与自然之间进而社会体系内部物质变换关系的重大建构意义。

借鉴马克思恩格斯的说法、启示，或可认为，生态公共产品的马克思主义立场从下述原理出发：①

人对自然关系的本性是唯物的，这种唯物性是人与自然观念联系和现实联系的整体的、全面的唯物性。② 人对自然关系的唯物性，只有通过人与自然之间的物质变换，才作为外在的必然性现实地表现出来，成为实际的东西。③ 对人与自然之间的这种物质变换的不了解、不确定而产生的实际的狭隘性、神秘性甚至宗教式的反映，只有当这种物质变换过程也即社会生活之物质生产过程、劳动过程的形态，在人们面前表现为人与人之间和人与自然之间极明白而合理的关系的时候，作为自由联合的人的产物处于人的有意识有计划的控制之下的时候，它才会把自己的神秘的纱幕揭掉。④ 但发展过程首先需要被设定为并且被意识到是这一过程的前提，需要使生产力的充分发展成为生

---

① 对这些思想观点的借鉴与原著文字相同处没有加用引号，只在句末标注相应出处，以保证内容的可读性和连续性。
② 《马克思恩格斯文集》第 8 卷，人民出版社 2009 年版，第 172 页。
③ 《马克思恩格斯文集》第 8 卷，人民出版社 2009 年版，第 180 页。
④ 《马克思恩格斯文集》第 5 卷，人民出版社 2009 年版，第 97 页。

产条件，① 需要有一定的社会物质基础或一系列物质生存条件。② 生产力就是物质变换力，生产就是人借社会形式对自然的占有和物质变换，③ 人就是在以社会形式占有自然中形成一定的、必然的、不以他们的意志为转移的人与自然关系，即与他们对自然的物质变换力的一定发展阶段相适合的人与自然关系。这种最基本的物质变换力、最基础生产力发展到一定阶段，便同它一直在其中运动的现存人与自然关系或财产关系（这只是人与自然关系的一种社会用语）发生矛盾，这些关系便由物质变换力或生产力的发展形式变成桎梏，那时人与自然关系进而社会形式、社会关系发生革命性调整的时代就到来了。④ 所以，一切社会变迁和人与自然关系变革的终极原因，不应当到人们的头脑中，到人们对永恒的真理和正义的日益增进的认识中去寻找，而应当到生产方式和交换方式即人与自然之间物质变换方式的变更中去寻找；不应当到有关时代的哲学中去寻找，而应当到有关时代的经济生产的物质变换中去寻找。对现存社会关系、对现存人与自然关系的不合理性和不公平、不友好，对理性化为无稽、幸福变成苦痛的日益觉醒的认识，只是一种征兆，表示在人对自然的占有和物质变换方法中已经不知不觉地发生了变化，适合于早先的经济条件或物质变换条件的人与自然关系安排已经不再同这些变化相适应。同时这还说明，用来消除已经发现的弊病的手段，也必然以或多或少发展了的形式存在于已经发生变化的人与自然关系本身中。这些手段不应当从头脑中发明出来，而应当通过头脑从经济生产的物质变换的现成事实中发现出来。⑤ 在人与自然的物质变换中，良好生态环境的生产与交换，是一切社会制度的基础。基于生态生活在内的物质生活的生产方式制

---

① 《马克思恩格斯文集》第 8 卷，人民出版社 2009 年版，第 172 页。
② 《马克思恩格斯文集》第 5 卷，人民出版社 2009 年版，第 97 页。
③ 《马克思恩格斯文集》第 8 卷，人民出版社 2009 年版，第 11 页。
④ 《马克思恩格斯文集》第 2 卷，人民出版社 2009 年版，第 591—592 页。
⑤ 《马克思恩格斯文集》第 3 卷，人民出版社 2009 年版，第 547 页。

约着整个社会生活、政治生活和精神生活的过程。①

由此而言，就更长久的历史进程而言，生态公共产品作为一种可以累积的自然资本和生态财富形态，可以在人工产品和自然产品、在人力资本和自然资本、劳动生产力和自然生产力之间相互辩证统一的基础上，增强生产力、生产关系或社会关系、政治关系的高阶发展，破除人与自然间的物质变换裂缝和统一障碍，重构社会生产有机体和增强社会生产有机化。就是说，"现在的社会"仍然"不是坚实的结晶体，而是一个能够变化并且经常处于变化过程中的有机体"②。这一过程从而就是一种实现"环境的改变和人的活动或自我改变的一致"的过程，是相继于现代工业革命的一种更为广泛、深远的"革命的实践"③。

由此得到的主要观点是：第一，生态环境作为公共产品是第一经济条件，生态公共产品为人的生产生活创造了第一位的生产条件，其生产能力和生产关系在整个社会生产方式中具有优先性。这一点在极端环境事件所凸显的人与自然之间以及社会结构内部的物质变换断裂的情况下最为明显。第二，生态公共产品的应用功能具有生产、安全、管理、保障、消费等多样性特点，由此可以延伸出生态经济、生态政治、生态文化、生态安全等宏观职能领域。这是由人与自然之间物质变换关系的层次性、复杂性以及人类实践活动的广泛性、丰富性决定的。第三，生态公共产品的提供机制是一个囊括需求、供给、生产、消费、成本、价格、利润、资本、产权以及科技、管理等众多要素的系统体系。这种系统性及其结构层次性要求政府作为生态公共产品提供任务的整体组织者，必须重点做好生态公共产品供需管理工作，以总量管理和结构管理为主线，科学安排各种生产要素、手段与过程，实现供给与需求协同管理。

---

① 《马克思恩格斯文集》第 2 卷，人民出版社 2009 年版，第 591 页。
② 《马克思恩格斯文集》第 5 卷，人民出版社 2009 年版，第 10—13 页。
③ 《马克思恩格斯文集》第 1 卷，人民出版社 2009 年版，第 500 页。

从整体上看，就是在坚持马克思主义总体生产观，人与自然和谐的消费观，生产、交换、分配、消费统一观的基础上，按照分类分层分工、能够弹性调控、符合共同使用、保障贫弱权益、共治共享公平的基本思路，构建一种分类分层、联合生产、权责明确、有机转换、善用市场、普惠民生的生态公共产品政府提供机制。主要包括三个层面：基于各类要素形式联合体的分类分层、主体多元、联合生产、功能互补的生态公共产品服务整体供给制度；基于生态生产能力、生态消费能力的自觉理性、定责赋能、善再分配、健康友好的生态公共产品服务消费制度；基于现代信息技术和智慧化思维设计的反应灵活、系统追溯、合理调节、循环流畅的生态公共产品服务供需调控制度，进而以此作为充实生态文明研究，改革完善生态文明政策和制度的重要内容。

当然更要注意方法的科学性和适应性，注意"马克思的整个世界观不是教义，而是方法。它提供的不是现成的教条，而是进一步研究的出发点和供这种研究使用的方法"[①]。分析生态公共产品问题，要高度重视和发展马克思主义对生态公共产品问题的指导启发作用，但更要立足中国现实的历史境域，从历史传统与现实问题的结合、抽象理论与具体实践的结合、价值规范与方法技术创新的结合出发，思考把握当下生态公共产品问题的矛盾症结所在、变化趋向和全局长远之法，这对社会主义国家调整优化生态公共产品提供机制具有重大导向性意义。

第三节 走向植根生态公共产品的社会主义生态文明新时代

生态公共产品作为人与自然的共同财富，具备促进人与自然双向互动建构，通过联合生产、合理调节、共同控制、社会共享等消除劳

---

① 《马克思恩格斯文集》第 10 卷，人民出版社 2009 年版，第 691 页。

动异化进而人与自然关系异化,增强人、自然、社会间有机物质变换,满足当代人经济、社会、环境需要和未来可持续发展需要,实现"人和自然的统一"的有用属性。同时,生态公共产品具有统合调节公共态、共有态和市场态关系,统合调节环境治理和国家治理、全球治理,促进环境公平正义和社会正义的价值属性。生态文明体制改革的理论构想是建设美丽中国,落脚到现实内容,就是为整个社会共同体的生存发展需要提供量足质优的生态公共产品和公共服务。可以说,这是生态文明融入经济社会过程的必然要求和国家不断强化政府服务职能、全面深化改革的必然趋势,是科学的历史唯物主义态度和马克思主义中国化实践创新的应然结果。

因此,结合社会实际需求提升生态公共产品的供给能力、服务质量和覆盖水平,是立足当下建设社会主义生态文明新时代最有说服力的一个坚实支点;是"以人为本""以人民为中心"和"尊重自然、顺应自然、保护自然"等新时代社会主义建设理念最为适当的一个结合点。

但值得注意的是,提供生态公共产品作为一种"现实的生活生产""直接生活的物质生产"或"生产物质生活本身"的活动,不仅受生产方式制约,更受这种直接生活的物质生产活动中形成的社会交往形式的制约。[①] 在现实历史环境下,自然资源资产产权、资金、劳动、技术等生产要素安排,价格、企业制度等市场要素安排,一定社会主体对公共产品的价值诉求和消费能力,政府对公共产品的激励监管机制等,都会对生产公共产品的供需活动造成很大影响。其中,可以尝试在现有国家自然资源管理职能范畴和国有资本管理职能基础上,把管好资本、用好资本,调节理顺资本——劳动关系作为重要线索,组建自然资本管理职能体系,促进环境与经济融合政策工具的选择优化。

当前生态文明研究侧重思想辨析,体制改革侧重宏观和顶层设

[①] 《马克思恩格斯文集》第 1 卷,人民出版社 2009 年版,第 544—545 页、第 531 页。

计。而把解决具体的生态公共产品需求和供给矛盾作为撬动生态文明制度创新，以及生态文明建设融入经济建设、政治建设、社会建设、文化建设各方面和全过程的操作点，从理论性质上说，是一次由宏观转向微观、间接转向直接、基层需求与上层改革相结合的转换研究思路的重要尝试。从价值立场上说，从马克思主义视角和中国境域探讨生态公共产品和服务问题，重点用马克思主义理论方法分析生态公共产品服务的范畴分类和供求关系，使操作边界逐步清晰化和政府提供机制科学化高效化，有助于启发更具体和更符合中国语境、更具牵引性的生态文明制度创新方案，在更高生产力和生产方式基础上从"商品共识"回归"产品共识"、从"资本共识"回归"劳动共识"，回归辩证统一的"共同体共识"，又是凸显东方文明生命力，摆脱西方中心论、支配论的一次重要尝试。

总之，生态环境是最基础生产力、元生产力。改善生态环境就是发展生产力、发展人与自然之间的物质变换力。创新生态文明体制即变革生产关系、调整人与自然关系。提供好生态公共产品则是改善生态环境、创新生态文明体系的阿基米德支点。社会主义生态文明的生态公共产品实践探索，其始点由于绝不是狭隘的资本增殖和异化的私有制，而是基于社会主义重构资本——劳动关系、进而重构社会——自然关系的广阔制度创新舞台，从而具备发展成为一种广泛的命运共同体福祉的优势条件。就是说，它不仅是现代的、民族的，同样是未来的、世界的。

主要参考文献

一 中文部分

马列经典著作

《马克思恩格斯文集》第 1 卷，人民出版社 2009 年版。
《马克思恩格斯文集》第 2 卷，人民出版社 2009 年版。
《马克思恩格斯文集》第 3 卷，人民出版社 2009 年版。
《马克思恩格斯文集》第 4 卷，人民出版社 2009 年版。
《马克思恩格斯文集》第 5 卷，人民出版社 2009 年版。
《马克思恩格斯文集》第 6 卷，人民出版社 2009 年版。
《马克思恩格斯文集》第 7 卷，人民出版社 2009 年版。
《马克思恩格斯文集》第 8 卷，人民出版社 2009 年版。
《马克思恩格斯文集》第 9 卷，人民出版社 2009 年版。
《马克思恩格斯文集》第 10 卷，人民出版社 2009 年版。
《马克思恩格斯选集》第 2 卷，人民出版社 2012 年版。
《马克思恩格斯选集》第 3 卷，人民出版社 2012 年版。
《马克思恩格斯选集》第 4 卷，人民出版社 2012 年版。
《马克思恩格斯全集》第 3 卷，人民出版社 1960 年版。
《马克思恩格斯全集》第 4 卷，人民出版社 1958 年版。
《马克思恩格斯全集》第 19 卷，人民出版社 1963 年版。
《马克思恩格斯全集》第 26 卷第 3 册，人民出版社 1974 年版。

《马克思恩格斯全集》第 30 卷，人民出版社 1974 年版。
《马克思恩格斯全集》第 32 卷，人民出版社 1998 年版。
《马克思恩格斯全集》第 33 卷，人民出版社 2004 年版。
《马克思恩格斯全集》第 47 卷，人民出版社 1979 年版。
《马克思恩格斯全集》第 49 卷，人民出版社 1982 年版。
《列宁专题文集·论马克思主义》，人民出版社 2009 年版。
《毛泽东文集》第 8 卷，人民出版社 1999 年版。
《周恩来选集》下卷，人民出版社 1984 年版。
《邓小平文选》第 3 卷，人民出版社 1993 年版。
《江泽民文选》第一卷，人民出版社 2006 年版。
《江泽民文选》第二卷，人民出版社 2006 年版。
《江泽民文选》第三卷，人民出版社 2006 年版。
《胡锦涛文选》第二卷，人民出版社 2016 年版。
《胡锦涛文选》第三卷，人民出版社 2016 年版。
《习近平谈治国理政》第一卷，外文出版社 2014 年版。
《习近平谈治国理政》第二卷，外文出版社 2017 年版。

专著

白刚：《回到〈资本论〉：21 世纪的"政治经济学的批判"》，人民出版社 2018 年版。

陈学明：《生态文明论》，重庆出版社 2008 年版。

程燎原、王人博：《权利及其救济》，山东人民出版社 2002 年版。

方世南：《马克思环境思想与环境友好型社会研究》，上海三联书店 2014 年版。

丁煌：《西方行政学说史》，武汉大学出版社 2004 年版。

郇庆治：《重建现代文明的根基——生态社会主义研究》，北京大学出版社 2010 年版。

蔺雪春：《社会主义生态文明发展动力机制研究》，山东大学出版社 2017 年版。

曲格平：《中国环境问题及对策》，中国环境科学出版社 1989 年版。

曲格平：《我们需要一场变革》，吉林人民出版社1997年版。

曲格平：《曲之求索：中国环境保护方略》，中国环境科学出版社2010年版。

王雨辰：《生态学马克思主义与生态文明研究》，人民出版社2015年版。

张云飞：《唯物史观视野中生态文明》，中国人民大学出版社2014年版。

郑国玉：《生态社会主义的构想》，中国社会科学出版社2015年版。

朱崇实、陈振明等：《公共政策——转轨时期我国经济社会政策研究》，中国人民大学出版社1999年版。

编著

环境保护部宣传教育中心编：《2008年全国地市级环保局局长岗位培训优秀论文集》，中国环境出版社2009年版。

环境保护部宣传教育中心编：《2013年全国地市级环保局长岗位培训优秀论文集》，中国环境出版社2013年版。

环境保护部宣传教育中心编：《2015全国地市级环保局长专题培训优秀论文集》，中国环境出版社2015年版。

环境保护部宣传教育中心编：《2017年全国地市级环保局局长培训优秀论文集》，中国环境出版社2017年版。

环境保护部宣传教育中心编：《2018年全国地市级环保局局长培训优秀论文集》，中国环境出版社2018年版。

曲格平、彭近新主编：《环境觉醒——人类环境会议和中国第一次环境保护会议》，中国环境科学出版社2010年版。

余斌主编：《马克思恩格斯列宁斯大林论政治经济学》，中国社会科学出版社2013年版。

张宇、谢地、任保平、蒋永穆等：《中国特色社会主义政治经济学》，高等教育出版社2017年版。

译著

[美]埃莉诺·奥斯特罗姆：《公共事物的治理之道：集体行动制度

的演进》，余逊达、陈旭东译，上海译文出版社 2012 年版。

［英］安东尼·吉登斯：《现代性的后果》，田禾译，译林出版社 2000 年版。

［美］菲利普·克莱顿、贾斯延·海因泽克：《有机马克思主义——生态灾难与资本主义的替代选择》，孟献丽、于桂凤、张丽霞译，人民出版社 2015 年版。

［美］路易斯·亨利·摩尔根：《古代社会》上册，杨东莼、马雍、马巨译，商务印书馆 1981 年版。

［美］罗纳德·H. 科斯等：《财产权利与制度变迁：产权学派与新制度学派译文集》，刘守英等译，格致出版社、上海三联书店、上海人民出版社 2014 年版。

［美］乔治·J. 施蒂格勒：《价格理论》，李青原、闫建亚、赵穗生、程三雁译，商务印书馆 1992 年版。

［美］詹姆斯·M. 布坎南：《公共物品的需求与供给》，马珺译，上海人民出版社 2017 年版。

［法］让·巴蒂斯特·萨伊：《供给的逻辑：政治经济学概论》，黄文钰、沈潇笑译，浙江人民出版社 2017 年版。

［英］威廉·配第：《赋税论 献给英明人士货币略论》，陈东野等译，商务印书馆 1978 年版。

［德］乌尔里希·贝克《风险社会》，何博文译，译林出版社 2004 年版。

［澳］约翰·S. 德赖泽克：《地球政治学：环境话语》，蔺雪春、郭晨星译，山东大学出版社 2008 年版。

文章

胡钧、贾凯君：《马克思公共产品理论与西方公共产品理论比较研究》，《教学与研究》2008 年第 2 期。

李井奎：《黑板经济学与真实世界的经济学——"科斯定理"的两张面孔》，《社会科学战线》2014 年第 1 期。

李仁虎、柴海亮等：《绿富同兴画卷在沙海中铺展——库布齐沙漠生态治理纪实》，内蒙古沙漠生态保护促进会主办内部刊物《沙漠世界》2018 年第 5 期。

郇庆治：《"碳政治"的生态帝国主义逻辑批判及其超越》，《中国社会科学》2016 年第 3 期。

翟天雪：《"绿色奇迹"库布其》，内蒙古沙漠生态保护促进会主办内部刊物《沙漠世界》2018 年第 5 期。

蔺雪春：《地方政府生态文明建设职能评析》，《中国特色社会主义研究》2015 年第 3 期。

蔺雪春：《论生态文明政策和制度的改革与完善——基于第一批中央环境保护督查与地方整改案例的分析》，《社会主义研究》2017 年第 4 期。

蔺雪春：《生态公共产品的马克思主义立场、观点、方法》，《马克思主义研究》2018 年第 1 期。

蔺雪春：《生态公共产品问题的历史分析与现实思考》，《鄱阳湖学刊》2018 年第 6 期。

内蒙古生态环境促进会：《科技创新是稳定、高效、持续治沙的根本——专家谈 30 年库布齐沙漠治理实践》，内蒙古沙漠生态保护促进会主办内部刊物《沙漠世界》2018 年第 5 期。

武卫政、刘毅等：《十八大为亿利库布齐治沙吃了定心丸》，内蒙古沙漠生态保护促进会主办内部刊物《沙漠世界》2018 年第 5 期。

尹世杰：《关于发展生态消费力的几个问题》，《经济学家》2010 年第 9 期。

杨静：《马克思社会需求思想与西方公共产品理论》，《高校理论战线》2009 年第 8 期。

张凯航：《风沙变风景 黄沙变黄金——库布齐沙漠上的绿色追踪》，内蒙古沙漠生态保护促进会主办内部刊物《沙漠世界》2018 年第 5 期。

张永红：《我国农村生态消费的困境与超越》，《马克思主义研究》2016 年第 4 期。

政府公开出版物

国务院：《国务院关于国家环境保护"九五"计划和2010年远景目标的批复》，国函〔1996〕72号，1996年9月3日。

国务院：《国务院关于国家环境保护"十五"计划的批复》，国函〔2001〕169号，2001年12月26日。

国务院：《国务院关于国家环境保护"十一五"规划的通知》，国发〔2007〕37号，2007年11月22日

国务院：《国务院关于印发国家环境保护"十二五"规划的通知》，国发〔2011〕42号，2011年12月15日。

环境保护部：《全国生态保护"十三五"规划纲要》，环生态〔2016〕151号，2016年10月27日。

报刊资料

蔡华晨、彭佳园：《嘉兴：产学研合作开启环境治理新模式》，《中国环境报》2018年6月22日第5版。

《坚决打好污染防治攻坚战 推动生态文明建设迈上新台阶》，《人民日报》2018年5月20日第1版。

刘秀凤：《私挖盗采何时休》，《中国环境报》，2018年6月26日第3版。

刘秀凤：《开发之火灼伤优美生态》，《中国环境报》2018年6月28日第2版。

孙荣庆：《环保五年规划发展历程》，《中国环境报》2012年8月9日第2版。

《习近平在海南考察：加快国际旅游岛建设 谱写美丽中国海南篇》，《人民日报》2013年4月11日第1版。

徐卫星、周雁凌、季英德：《让企业当河长治理黑臭水体》，《中国环境报》2018年6月20日第7版。

《中办、国办就祁连山国家级自然环境问题发出通报》，《中国环境报》2017年7月21日第1版。

周生贤、武卫政：《检测数据和群众感受不能"两张皮"》，《人民日

报》2011年8月9日第11版。

网络资料

财政部网站:《财政数据》,http://www.mof.gov.cn/zhengwuxinxi/caizhengshuju/,2019年5月13日。

国家统计局网站:《统计数据》,http://data.stas.gov.cn/easyquery.htm?cn=C01,2019年5月13日。

河北省塞罕坝机械林场总场网站:《林场简介》,http://www.saihaba.com.cn/show_article_php?Id=5876,2019年3月20日。

人民网"中国共产党历次全国代表大会数据库":《全面开创社会主义现代化建设的新局面——胡耀邦在中国共产党第十二次全国代表大会上的报告》,http://cpc.people.com.cn/GB/64168/64566/65447/4526368.html,2019年2月10日。

人民网"中国共产党历次全国代表大会数据库":《沿着有中国特色的社会主义道路前进——赵紫阳在中国共产党第十三次全国代表大会上的报告》,http://cpc.people.com.cn/GB/64162/64168/64566/65447/4526368.htm,2019年1月31日。

人民网"中国共产党历次全国代表大会数据库":《加快改革开放和现代化建设步伐 夺取有中国特色社会主义事业的更大胜利——江泽民在中国共产党第十四次全国代表大会上的报告》,http://cpc.people.com.cn/GB/64162/64168/64556/4526313.html,2019年2月10日。

人民网"中国共产党历次全国人民代表大会数据库":《高兴邓小平理论伟大旗帜,把建设有中国特色社会主义事业全面推向二十一世纪——江泽民在中国共产党第十五次全国代表大会上的报告》,http://cpc.people.com.cn/GB/64162/64168/64568/65445/4526288.html,2019年2月10日。

人民网"中国共产党历次全国人民代表大会数据库":《全面建设小康社会,开创中国特色社会主义事业新局面——江泽民在中国共产党第十六次全国代表大会上的报告》,http://cpc.people.com/GB/64162/

64168/64569/65444/4429121. html，2019 年 2 月 10 日。

人民网"中国共产党历次全国代表大会数据库"：《高举中国特色社会主义伟大旗帜 为夺取全面建设小康社会新胜利而奋斗——在中国共产党第十七次全国代表大会上的报告》，http：//cpc. people. com. cn/GB/64162/64168/106155/106156/6430009. html，2019 年 2 月 10 日。

天津生态城门户网站：《中新天津生态城简介》，https；//www. eco - city. gov. cn/yxstc/，2019 年 3 月 19 日。

中国环境网：《第四次全国环境保护会议》，http：//cenews. com. cn/subject/2018/0516/a_ 4133/201805/t20180518_ 874522. html，2019 年 2 月 9 日。

中国环境网：《第五次全国环境保护会议》，http：//cenews. com. cn/subject/2018/0516/a_ 4133/201805/t20180518_ 874522. html，2019 年 2 月 9 日。

中国环境网：《第六次全国环境保护会议》，http：//cenews. com. cn/subject/2018/0516/a_ 4133/201805/t20180518_ 874522. html，2019 年 2 月 9 日。

中国环境网：《第七次全国环境保护会议》，http：//cenews. com. cn/subject/2018/0516/a_ 4133/201805/t20180518_ 874522. html，2019 年 2 月 9 日。

中华人民共和国生态环境部网站：《2015 年中国环境状况公报》，http://www. mee. gov. cn/hjzl/zghjzkgb/lnzghjzkgb/201606/P2016060233 3160471955. pdf，2019 年 2 月 12 日。

二 外文部分

专著

Dryzek, John S., 2005, *The politics of the earth：Environmental Discourse*, 2th edition, New York：Oxford University Press.

Rogers, E. M., 1995, *Diffusions of innovations*, New York：The Free Press.

Stigler, George J., 1996, *The Theory of Price*, 3rd edition, New York：

Macmillan.

文章

Coase, Ronald H., 1937, "The Nature of the Firm", *Economica New series* 4 (16): 386 – 405.

Coase, Ronald H., 1959, "The Federal Communications Commission", *Journal of Law and Economics* 2: 1 – 40.

Coase, Ronald H., 1960, "The Problem of Social Cost", *Journal of law and Economics* 3: 1 – 44.

Tiebout, Charles M., 1956, "A Pure Theory of Local Expenditures", *The Journal of Political Economy* 64 (5): 416 – 424.

Samuelson, Paul A., 1954, "The Pure Theory of public Expenditure", *The Review of Economics and Statistics* 36 (4): 387 – 389.

Brand, Ulrich and Wissen, Markus, 2012, "Global Environment Politics and the Imperial Mode of Living: Articulations of State-Captial Relations in the Multiple Crisis", *Globaliazations* 9 (4): 547 – 560.